देशसेवा का धन्धा

देशसेवा का धन्धा

विष्णु नागर

राजकमल प्रकाशन
नयी दिल्ली पटना

मूल्य : रु. 150.00

पहला संस्करण : 2006
पहली आवृत्ति : 2009

प्रकाशक : राजकमल प्रकाशन प्रा.लि.
1-बी, नेताजी सुभाष मार्ग
नई दिल्ली-110 002

शाखाएँ : अशोक राजपथ, साइंस कॉलेज के सामने, पटना-800 006
पहली मंजिल, दरबारी बिल्डिंग, महात्मा गांधी मार्ग, इलाहाबाद-211 001
वेबसाइट : www.rajkamalprakashan.com
ई-मेल : info@rajkamalprakashan.com

आवरण : राजकमल स्टूडियो

मुद्रक : बी.के. ऑफसेट
नवीन शाहदरा, दिल्ली-110 032

DESHSEVA KA DHANDHA
by Vishnu Nagar

ISBN : 978-81-267-1126-0

क्रम

जोशीजी

—आप जोशीजी बोल रहे हैं ?

—जी मैं जोशीजी नहीं बोल रहा हूँ।

—तो फिर जोशीजी से बात करा दीजिए न !

—देखिए, मैं जोशीजी से आपकी बात नहीं करा सकता।

—क्यों नहीं करा सकते ? आप कौन होते हैं उनसे बात न करवानेवाले ? हमें जोशीजी से बात करनी है और हम करके रहेंगे।

—देखिए, यह जोशीजी का नम्बर नहीं है।

—जोशीजी का नम्बर नहीं है ? ऐसा कैसे हो सकता है ?

—पता नहीं कैसे हो सकता है मगर है ऐसा ही।

—मगर उन्होंने तो मुझे यही नम्बर बताया था।

—उन्होंने क्या बताया था और क्या नहीं बताया था, यह तो मैं नहीं जानता, मगर निश्चित रूप से यह उनका नम्बर नहीं है।

—मगर वे मुझे गलत नम्बर क्यों देंगे ?

—इस बारे में भी मैं आपको कुछ नहीं बता पाऊँगा, क्योंकि मैं उन्हें जानता नहीं लेकिन इतना जरूर एक बार फिर से आपको बता रहा हूँ कि यह जोशीजी का नम्बर नहीं है। इसके अलावा मैं यह भी बता दूँ कि यह अग्रवाल साहब, वर्मा साहब, सिंह साहब का नम्बर भी नहीं है। मतलब यह उन सबका नम्बर नहीं है जिन्हें आप अक्सर फोन करते होंगे। अच्छा नमस्ते।

—अभी नमस्ते मत कीजिए प्लीज, मेरी प्रॉब्लम समझिए क्योंकि मुझे तो अब ये भी ख्याल आ रहा है कि मैंने इसी नम्बर पर पहले भी उनसे बात की है।

—आपका ख्याल दुरुस्त नहीं है क्योंकि यह उनका नम्बर कभी नहीं रहा। इसके अलावा मैं न पहले कभी जोशीजी था, न अब हूँ, न भविष्य में हो सकता हूँ।

—अच्छाजी आप तो बड़े कॉनफिडेंस से कह रहे हैं जैसे आपको अपने भविष्य का भी पता हो। यह देश भारतवर्ष अच्छों-अच्छों को जोशीजी बना देता है। आप हैं किस खेत की मूली, जो कह रहे हैं कि मैं भविष्य में भी जोशीजी नहीं बन सकता हूँ ?

—देखिए आप मुझसे मजाक कर रहे हैं और मैं सीरियस हूँ। डैम सीरियस।

—आप सीरियस हैं इसका मतलब तो यही है कि हो न हो, आप ही जोशीजी हैं

क्योंकि जोशीजी भी सीरियस रहते हैं और उन्हें मजाक कतई पसन्द नहीं।

—मैं पागल हो जाऊँगा प्लीज, आप मुझे तब से जोशीजी साबित करने पर क्यों तुले हैं, जबकि मैं जोशीजी नहीं हूँ। मैंने आपका क्या बिगाड़ा है ? जोशीजी क्या बला हैं, मैं तो उन्हें जानता भी नहीं।

—ये बला नहीं हैं जनाब, अच्छे-खासे इंसान हैं और मेरा तो विश्वास है कि आप ही जोशीजी हैं। लगता है सुबह से आपका मूड ठीक नहीं है। आपका मूड खराब होता है तो आप अक्सर ऐसा ही करते हैं। अच्छा जोशीजी, मैं कल आपको फोन करूँगा। ठीक है ?

—देखिए कल आप फोन मत कीजिएगा, क्योंकि मैं जोशीजी नहीं हूँ।

—लेकिन मेरा तो दिल बार-बार यही कह रहा है कि आप जोशीजी हैं।

—लेकिन जरूरी नहीं आपका दिल ठीक कह रहा हो।

—आज तक तो इसने कभी कोई गलत बात नहीं कही, आज कैसे कह सकता है ? वैसे भी मेरे दिल को मैं ज्यादा जानता हूँ या आप, जोशीजी ?

—फिर जोशीजी ! अगर आप इस समय मेरे सामने होते तो मैं आपका गला घोंट देता या गोली मार देता।

—जोशीजी ये कहना जितना आसान है, उतना करना नहीं।

—आप मुझे जोशीजी कहना बन्द करेंगे या नहीं, मैं आपसे आखिरी बार पूछ रहा हूँ ?

—मैं भी आपसे आखिरी बार कह रहा हूँ कि आप यह झूठ बोलना बन्द कीजिए कि आप जोशीजी नहीं हैं।

—मैं झूठ नहीं बोल रहा हूँ बाबा, सच कह रहा हूँ।

—तो इतनी सीधी-सी बात आप मुझसे शुरू में ही नहीं कह सकते थे कि आप झूठ नहीं बोल रहे हैं कि आप जोशीजी नहीं है ? मेरा इतना कीमती वक्त आपने क्यों बर्बाद किया ?

—मैंने आपका वक्त बर्बाद किया या आपने मेरा ? मुझे इतनी देर से जोशीजी बनाने पर कौन तुला हुआ था ? आप और सिर्फ आप।

—मैं आपसे बहुत नाराज हूँ और मैं आपसे अब और बात भी नहीं करना चाहता। अरे क्या यह बताते हुए आपकी नानी मर रही थी कि आप झूठ नहीं बोल रहे हैं ? अच्छा अब आप अपनी यह बकवास बन्द कीजिए और फोन रखिए। क्या जमाना आ गया है कि लोग सीधी-सी बात का भी सीधा-सा उत्तर भी नहीं दे सकते और हमेशा दूसरे का वक्त बर्बाद करते हैं। ब्लडीफूल।

ईश्वर की खोज

रिटायरमेंट के बाद मिस्टर एक्स ने सोचा कि पता नहीं मृत्यु कब चुपके से आ जाए, इसलिए अब मुझे ईश्वर प्राप्ति के सच्चे मार्ग पर चलना चाहिए।

वैसे उन्हें पता नहीं था कि ईश्वर प्राप्ति का सच्चा मार्ग कौनसा है। दरअसल उन्हें नौकरी करते हुए सत्य और झूठ में भेद करने की जरूरत ही महसूस नहीं हुई थी लेकिन उन्हें इतना निश्चित रूप से पता था कि ईश्वर है और वह है तो उस तक पहुँचने का मार्ग भी होगा। इस क्रम में उन्हें बचपन में सुनी यह बात याद आ गई कि सत्य और न्याय के मार्ग पर चलकर ईश्वर तक पहुँचा जा सकता है तो उन्होंने इसी मार्ग पर चलने का निश्चय किया। इस मार्ग पर चलने की एक वजह यह भी थी कि बहुत इच्छा होने के बावजूद सरकारी नौकरी के दौरान वे इस मार्ग पर चल नहीं सके थे, इसलिए उनके मन में यह साध थी कि जीवन में एक-न एक दिन उन्हें इस मार्ग पर चलकर दिखा देना है और वह सुनहरा अवसर अब रिटायरमेंट के बाद आ चुका था।

उन्होंने यह भी सुना था कि सत्य और न्याय का मार्ग कठिन है और साधारण आदमी उस पर चल नहीं सकता और सौभाग्य से रिटायरमेंट के महीने भर बाद ही उन्हें इस बात का अहसास हो गया था कि वह भी अब एक साधारण आदमी ही हैं, फिर भी उन्होंने अपने आप से कहा कि चलो फिर भी चलकर देखते हैं, चलने से पहले हिम्मत क्यों हारना ! नहीं चल पाए तो यह सोचकर वापस लौट आएँगे कि अपने का इस मार्ग पर चलने की आदत नहीं है इसलिए असफल हो गए और फिर अपन कौन से महात्मा गांधी हैं जो जनता कहेगी कि देखो ये सत्य और न्याय के मार्ग से डिग गए !

सो उन्होंने सत्य और न्याय मार्ग का पता पूछना शुरू किया मगर किसी को मालूम नहीं था कि वह किधर है। सब कहते थे कि हमने सुना तो है कि ऐसा कोई मार्ग है और उसे यहीं कहीं होना चाहिए मगर भाईसाहब सही बात यह है कि हमें मालूम नहीं है कि वह किधर है क्योंकि अपन को भी आप की तरह उस तरफ जाने का कभी काम नहीं पड़ा, वैसे लोकल आदमी से पूछो तो शायद पता चल जाए। उधर जिससे पूछो, वही कहता था कि मैं लोकल नहीं हूँ, इसलिए मिस्टर एक्स को जो मार्ग अपने सामने सबसे पहले दीखा, उसी पर वे चल पड़े। थोड़ी दूर जाकर उन्हें पता चला कि यही वास्तव में सत्य और न्याय का मार्ग है और वे विशुद्ध संयोग से ही सही मगर

सही मार्ग पर आ गए हैं। उन्होंने सोचा कि इसका मतलब है कि ईश्वर भी यही चाहता है कि मैं इस मार्ग पर चलकर उन तक पहुँचूँ।

इसके बावजूद थोड़ी दूर तक तो उन्हें भरोसा नहीं हुआ कि यह वही मार्ग हो सकता है क्योंकि शुरू में ऐसा लगा ही नहीं कि यह मार्ग कठिन है। फिर लगा कि इस मार्ग पर सत्य हरिश्चन्द्र-गांधीजी आदि बहुत से महापुरुष चल चुके हैं इसलिए यह मार्ग अब कठिन नहीं रहा होगा। हाँ यह मार्ग संकरा जरूर था मगर चूँकि इस मार्ग पर चलनेवाले ज्यादा नहीं थे और जो थे, वे भी वापस लौटने में विश्वास करनेवाले ज्यादा थे इसलिए उन्हें इस रास्ते के संकरे होने से भी कोई शिकायत नहीं थी।

वे कुछ ही दूर चले थे कि एक पुलिस चौकी मिली, जिस पर एक पुलिसवाला तैनात था।

मिस्टर एक्स ने न चौकी की परवाह की और न पुलिसवाले की, क्योंकि यह मार्ग सत्य और न्याय का था और उस पर वे ईमानदारी से चल रहे थे, इसलिए डर कैसा बल्कि उन्हें इस बात का गर्व था मगर पुलिसवाले को यह बात हजम नहीं हुई कि कोई उस मार्ग पर चले और उसकी परवाह न करे तो उसने चीखते हुए कहा—ऐ रिटायर्ड बुड्ढे किधर जाता है ? तेरे को तो मालूम नहीं कि यहाँ पुलिस चौकी है। इधर मत्था टेकना बहुत जरूरी है। वैसे मैं बता दूँ कि तेरे बस में इस मार्ग पर चलना है नहीं, इसलिए तू यहीं से वापिस चला जा और अगर मरने का ही तेरे को इतना शौक चर्राया है तो जा घर और हार्ट अटैक से मर, हाई ब्लड प्रेशर से मर, ब्रेन हैमरेज से मर, जिस तरह से मरना चाहता है मर क्योंकि तू स्वतन्त्र देश का स्वतन्त्र नागरिक है इसलिए जिस तरह तू चाहे जी सकता है और जिस तरह चाहे तू मर सकता है मगर भैया मैं तेरे हाथ जोड़ता हूँ कि तू सत्य और न्याय के इस कठिन मार्ग पर तो बिल्कुल भी मत चल। यह पथ पहले से ही बदनाम है कि इस पथ पर बलिदान हुए वीर अनेक, अतः तू भी इस पर चलकर बलिदानियों की पंक्ति में अपना नाम मत लिखा और आराम से घर जा। देख इतने सारे लोग मेरी सलाह पर लौट गए हैं इसलिए तू भी अच्छे बच्चे की तरह लौट जा। तू जा और आराम कर, तू जा और अपने नातियों-पोतियों को खिला। वे भी खुश रहेंगे, तेरे बेटे-बेटी भी खुश रहेंगे कि अन्ततः बच्चों की देखभाल करनेवाला एक जिम्मेदार और भरोसेमन्द आदमी उन्हें मिल गया, जो घर की रखवाली भी करेगा और इस पर खर्च एक नौकर से भी कम आएगा, इसलिए तू जा।

मगर मिस्टर एक्स पुलिसवाले के रौब में नहीं आए क्योंकि वे खुद एक बड़े अफसर रह चुके थे और पुलिसवाले उनके बँगले पर पहरा दिया करते थे। उन्होंने गुस्से से कहा—ऐ तू मुझे इस रास्ते पर चलने से रोकनेवाला कौन ? मैं मरूँ या जीऊँ ? मैं नाती-पोतों को खिलाऊँ या न खिलाऊँ। चल मेरे रास्ते से हट। तू जानता नहीं मैं क्या था ? आज भी तेरे सबसे बड़े अफसर को फोन कर दूँगा तो तू साले यहीं खड़े-खड़े बर्खास्त हो जाएगा। अपने आपको तू समझता क्या है ? अभी, यहीं तेरी वर्दी उतरवा दूँगा।

लेकिन पुलिसवाला भी असली पुलिसवाला था। वह एक रिटायर्ड अफसर की धमकी में नहीं आया। उसने कहा—ऐ मिस्टर रिटायर, अपने बीवी-बच्चों के टायर, तू जो भी था, सो था, क्या समझा—था, है नहीं, इसलिए सबसे पहले तू मुझे डराने की गलती मत कर। मैं सत्य और न्याय के मार्ग का एकमात्र रखवाला हूँ। मैं ही यहाँ का सिपाही हूँ और मैं ही यहाँ का एस.एच.ओ. और एस.पी. सब हूँ और तेरे जैसे ही और तुझसे भी बड़े-बड़े तमाम लोग इस पथ पर आते रहते हैं और रोज मेरी नेक सलाह पर वापस घर जाते रहते हैं और जाकर भजन-पूजन में लग जाते हैं पर धमकाने की तेरी इन कोशिशों के बावजूद मैं तेरे को आराम से समझा रहा हूँ कि तू बूढ़ा है और तेरा चेहरा देखकर मुझे लग रहा है कि तुझे आराम की सख्त जरूरत है इसीलिए सरकार ने तुझे रिटायरमेंट भी दिया है, अतः तू जा। तूने देश की साठ साल की उम्र तक बहुत सेवा की है। तेरी सेवा करने के कारण आज देश इतना ज्यादा आगे बढ़ चुका है कि उसे अब समझ में नहीं आ रहा है कि वह और आगे बढ़े तो बढ़े कैसे क्योंकि आगे मजबूत दीवार है जिस पर लिखा है कि यहाँ से आगे जाना मना है—दस हजार वोल्ट का खतरा। इसलिए देश आजकल पीछे हटने में लगा हुआ है ताकि फिर से आगे बढ़कर एक दिन पुनः यहीं पहुँच सके, जहाँ वह पहले ही पहुँच चुका था, अतः हे क्रोधोन्मत्त प्राणी मैं निवेदन पर निवेदन कर रहा हूँ कि तू सत्य और न्याय के पथ पर मत चल। पछताएगा। क्रोध वैसे भी स्वास्थ्य के लिए ठीक नहीं होता। मैं तेरे भले के लिए ही ये कह रहा हूँ वरना सिपाही किसी से इतनी देर बात करना और इतना समझाना जरूरी नहीं समझता, उसके पास लातघूँसे मारने का संवैधानिक न होकर भी संवैधानिक अधिकार है जिससे वह सबको दुरुस्त कर सकता है। पुलिस को देखकर तो भूत भी भागते हैं इसलिए तू भी भाग जा। अपना कीमती वक्त और बची-खुची एनर्जी इस फालतू काम में मत गँवा वरना अन्तकाल पछताएगा और प्राण जाएँगे छूट। अपन इतना जानते हैं कि तू इस पथ पर चलकर महात्मा गाँधी बननेवाला है नहीं और बननेवाला हो तो बता दे, मैं भी यहाँ की चौकीदारी छोड़कर तेरे साथ चल पड़ूँगा, ताकि मेरा नाम भी हिस्ट्री में आ जाए।

मगर वह रिटायर्ड अफसर था। नौकरी अभी-अभी करके चुका था। नौकरी करते समय वह अपनी जिद पर अड़ने के लिए मशहूर था, सो वह नहीं माना। उसने कहा—मैं तो जाऊँगा ही जाऊँगा। मैं तेरे रौब में आनेवाला नहीं और न तेरे डराने से डरनेवाला हूँ। मैं तेरे से पूछकर इस मार्ग पर चलने नहीं आया था। स्वप्रेरणा से आया था तो स्वप्रेरणा से ही जो करना होगा, करूँगा। और सुन मैं महात्मा गाँधी नहीं भी बना तो तेरे से शिकायत करने नहीं आऊँगा मगर एक बात फिर भी बताता हूँ कि आनेवाले मुझे जरूर याद करेंगे कि ये एक आदमी था, जो रिटायरमेंट के बाद ही सही सत्य और न्याय के मार्ग पर चला जरूर था। तो तू मुझे जाने दे। यही कहना चाहता है न तू कि मैं जिन्दगीभर असत्य और अन्याय के पथ पर चला और जब उस रास्ते पर चल-चलकर रिटायर हो गया हूँ तो अब सत्य और न्याय के पथ पर चल नहीं पाऊँगा,

तो तू सुन मुझे पहले फुर्सत नहीं मिली थी और अगर मिल जाती तो तब भी मैं चलकर जरूर दिखा देता, क्योंकि मेरी सबसे बड़ी ख्वाहिश ही यह है कि सत्य और न्याय के मार्ग पर चलकर ईश्वर को पाऊँ।

—तो फुर्सत मिलेगी तभी तू सत्य और न्याय के पथ पर चलेगा, वैसे नहीं ? और अगर रिटायरमेंट के बाद भी बुड्ढे तुझे फुर्सत नहीं मिलती तो ? कोई टिप्पस जम जाती और कोई नया असाइमेंट मिल जाता तो तू क्या करता ?

—तो असाइमेंट पूरा हो जाने पर इस मार्ग पर चलता मगर चलता जरूर।

—और असाइमेंट पूरा होने से पहले तू गुड़क जाता तो ?

—तो भगवान की मरजी। ये मानता कि भगवान को मंजूर ही नहीं था, मेरा सत्य और न्याय के पथ पर चलना। आदमी इसमें क्या कर सकता है ? उसके हाथ में है ही क्या ?

—और मान ले मैं अगर कहूँ कि तू इस रास्ते पर एक कदम भी चला तो मैं तेरे को दो डंडे मारूँगा और फिर भी नहीं माना तो तेरा सिर फोड़ दूँगा, तो भी तू चलेगा ?

—मुझे मारेगा तो मैं तेरी शिकायत ह्यूमन राइट कमीशन से कर दूँगा।

—लेकिन डंडे तो पहले मैं ही मारूँगा और तू रिटायर्ड अफसर है—सह पाएगा क्या ? जिन्दा रहेगा तभी तो ह्यूमन राइट कमीशन के पास जाएगा ? इसलिए भैया चला जा।

—तो तू क्यों चाहता कि मैं सत्य और न्याय के पथ पर न चलूँ ?

—हाँ क्योंकि तू उस पथ पर चलते हुए अच्छा नहीं लगेगा रे क्योंकि तू कभी इस रास्ते पर चला नहीं, इसलिए जा। तू बुड्ढा है न इसलिए मैं तुझसे बहुत इज्जत से बोल रहा हूँ, जा और नहीं जाता है तो मर, फिर अपना नाम मत लेना कि मैंने बताया नहीं था।

—तो तू यही चाहता है कि मैं घर जाऊँ ?

—हाँ मेरी तो यही नेक सलाह है।

—वाकई चला जाऊँ ?

—वाकई चला जा।

—तौ मैं जा रहा हूँ।

—अच्छा नमस्ते। बुरा मत मानना भाई, क्योंकि अपने को तेरे पर दया आ गई। बुजुर्गों का मैं खास खयाल रखता हूँ।

—नहीं वो क्या है कि मैं भी आपकी जुबान पर नहीं गया, आपकी वास्तविक भावनाओं को समझ गया, इसलिए जा रहा हूँ। मैं हमेशा से मानता हूँ कि जो पुलिस की इज्जत करता है पुलिस उसकी भी इज्जत करती है इसलिए मैं जा रहा हूँ वरना तो मैं दिखा देता कि मैं भी किसी से कम नहीं !

टाँग फँसाने की कला

टाँगें तो हमारी-आपकी तरह उनकी भी सिर्फ दो ही होती हैं मगर कुछ लोगों को न जाने क्या सिफत हासिल होती है कि वे अपनी इन्हीं दो टाँगों को आराम से सैकड़ों टाँगें बना लेते हैं और फिर इन्हें हर जगह फँसाकर रखते हैं—चाहे वह राजनीति हो, साहित्य हो, कला हो, समाजसेवा हो या धर्म-जाति-सम्प्रदाय की पोलिटिक्स हो। होते-होते हो यह जाता है कि लोग मानकर चलने लगते हैं कि हर जगह उन्होंने अपनी टाँग फँसाकर रखी होगी और जब कभी, जहाँ कहीं उनकी टाँग फँसी हुई नजर नहीं आती, तो लोगों को आश्चर्य के साथ निराशा होने लगती है और वे फोन करके उनसे पूछते हैं कि क्यों भैयाजी आपकी तबियत तो आजकल ठीक चल रही है न, तो फिर वहाँ आपकी टाँग फँसी हुई नजर क्यों नहीं आई ? कहीं इस बीच आपकी टाँगें ओवरवर्क के कारण दर्द तो नहीं करने लगीं या कहीं ऐसा तो नहीं हुआ कि आप अपनी टाँग फँसाते, इससे पहले ही उन्होंने अपना काम निपटा लिया और आपकी प्रतिष्ठा को चोट पहुँचा दी ?

तो भैयाजी मौका और व्यक्ति देखकर सचझूठ एक किस्सा गढ़ते हैं और बताते हैं कि फलाँ जगह उन्होंने जानबूझकर टाँग इसलिए या उसलिए नहीं फँसाई थी, लेकिन वे आश्वस्त करते हैं कि आगे से आपको निराश नहीं होना पड़ेगा। वे स्वयं वहाँ नहीं भी हुए तो उनकी टाँग अवश्य वहाँ होगी। बहुत समय तक ऐसा होता भी है लेकिन फिर कहीं किसी जगह उनकी टाँग नजर नहीं आती तो उनके प्रशंसक चिन्तित हो जाते हैं और उनका फोन घनघनाने लगते हैं—"भाईजी आपकी टाँग..."

दूसरों की तरह अपने को भी मुफ्त सलाह देने में बहुत मजा आता है क्योंकि पैसे देकर अपने से कोई सलाह लेता नहीं तो अपन ने भी अपने इस 'मुफ्त सलाह-कार्यक्रम' के अन्तर्गत एक दिन भाईजी को नेक सलाह दे डाली कि भाईजी क्यों आप अपनी टाँगों को अपनी टाँग नहीं समझते और उन पर क्यों अत्याचार करने में लगे रहते हैं ? आप यह समझने की कोशिश क्यों नहीं करते कि टाँगों के कुछ सीधे-सरल उपयोग भी होते हैं, जैसे उनसे चला जा सकता है, दौड़ा जा सकता है, फुटबाल खेली जा सकती है। आप इस ओर भी तनिक ध्यान दीजिए न !

लेकिन वे मेरी बात सुनकर जवाब देते, तभी उन्हें अचानक याद आ गया कि अरे फलाँ जगह तो उन्हें अभी और इसी समय अपनी टाँग फँसाना है वरना सब गुड़गोबर

हो जाएगा, इसलिए वे फौरन मुझसे माफी माँगते हुए चले गए। दरअसल हुआ यह था कि मेरे सामने थोड़ी-सी देर उनकी टाँगों को आराम करने का मौका मिला तो वे दर्द करने लगीं। वे दर्द करने लगीं तो फौरन इनकी अलार्म बेल बज गई और तत्काल उन्हें याद आ गया कि इस समय उनकी टाँगों को फलाँ जगह फँसा होना था मगर वे मूर्ख की तरह इन टाँगों को आराम देने की कोशिश कर रहे हैं, इसलिए ये दर्द करने लगी हैं। जाते-जाते वे कह गए—"भाईसाहब मैं आपसे शीघ्र ही मिलूँगा, मगर तब मिलूँगा, जब मेरी टाँग कहीं फँसी हुई नहीं होगी और तब मैं आपको अपना व्यूपाइंट अच्छी तरह समझाऊँगा। नमस्ते।"

लेकिन अपनी टाँग के साथ वे हमेशा कहीं-न-कहीं फँसे रहते थे, फिर भी एक दिन वे अचानक मेरे पास आए। उनकी साँस फूल रही थी। आकर वे धम्म-से सोफे पर बैठ गए और उन्होंने कहा कि मैंने न जाने किस तरह पाँच मिनट का समय आपके लिए विशेष रूप से निकाला है क्योंकि मुझे आपकी उस दिन की बातों का संक्षिप्त-सा उत्तर देना है और उन्होंने उसी हालत में उसी समय उत्तर देना भी शुरू कर दिया—"भाईसाहब टाँग के दूसरे उपयोग तो सभी जानते हैं—यहाँ तक कि गधे भी—लेकिन सब जगह टाँग फँसाए रखकर भी अपनी टाँग को साबुत रखना कोई-कोई ही जानता है और ऐसे लोगों को कलाकार कहते हैं और मैं एक कलाकार हूँ। मुझे आश्चर्य है कि आप जैसे संवेदनशील आदमी को भी मेरी कला नजर नहीं आई ! खैर कोई बात नहीं। तो भाईसाहब मेरी फिलौसफी यह है कि हर जगह टाँग फँसाए रखने से आप हमेशा व्यस्त रहते हैं और आप व्यस्त रहते हैं तो आपको किसी बात की निराशा नहीं होती और जब निराशा नहीं होती तो आप हमेशा उत्साह से भरे रहते हैं और जब आप उत्साह से भरे रहते हैं तो आपका शुमार भी धीरे-धीरे शहर के महत्त्वपूर्ण व्यक्तियों में होने लगता है और एक ऐसी सुखद स्थिति आ जाती है कि जब आप खुद अपनी टाँग फँसाना भले न चाहें मगर लोग आपसे आपकी टाँग फँसवाने को उत्सुक रहने लगते हैं। आप अगर खाली न हों तो वे निवेदन करते हैं कि ऐसा कीजिए अपनी टाँग हमें घंटे-दो घंटे के लिए उधार दे दीजिए क्योंकि उनमें यह अन्धविश्वास पनप जाता है कि जहाँ आपकी टाँग फँसी हुई नहीं होगी, वहाँ अनिष्ट जरूर होगा। तो एक फायदा तो टाँग फँसाए रखने का यह हुआ। और दूसरा यह हुआ कि लोगों की नजरें सिर्फ आपकी टाँगों पर रहती हैं। वे सिर्फ यह देखते हैं कि फलाँ जगह आपकी टाँग फँसी हुई है और फलाँ जगह आपकी टाँगों से पूर्ण या आंशिक रूप से मुक्त हैं। तो इस तरह वे आपकी टाँगों में ही फँसे रह जाते हैं, उससे ऊपर आपको देखने की हिम्मत वे नहीं कर पाते और न इसकी जरूरत उन्हें महसूस होती है। इस तरह आपकी असलियत उनकी नजरों से छुपी रहती है। इस प्रकार इन टाँगों में गुण बहुत हैं और मैं हमेशा कहता हूँ कि इन्हें सदा राखिए फँसाय। और अभी तो आप भी बहुत व्यस्त होंगे और मैं तो खैर हूँ ही, इसलिए टाँग फँसाने के शास्त्र और उसकी असली महत्ता पर फिर कभी विस्तार तथा गइराई से प्रकाश डालूँगा।" इसके बाद

नमस्ते और जय हिन्द एकसाथ कहकर वे चल दिए।

मैं उनकी पराक्रमी टाँगों को देखता रह गया और यह कल्पना करने की असफल कोशिश करने लगा कि इन्हें फँसाने के लिए आखिर इस समय ये कहाँ ले जा रहे होंगे !

बन्दा महान हो गया

मुझे महान बनना नापसन्द था। इसके कई कारण थे। सबसे पहला कारण यही था कि मैं महान नहीं बन सका था और मेरा अनुभव यह है कि जो आधी जिन्दगी गुजर जाने के बाद भी महान नहीं बन सका, वो बाद में भी कभी महान नहीं बन सकता, इसलिए महान बनने से मेरी नापसन्दगी स्वाभाविक थी। दूसरा कारण यह था कि महान बनने के बाद कैरियर में विराम लग जाता है। यह राष्ट्रपति बनने जैसा है। एक बार आप राष्ट्रपति बन गए तो फिर आप कुछ और नहीं बन सकते (हालाँकि महान बनने में फायदा यह है कि राष्ट्रपति तो भूतपूर्व हो जाता है, महान भूतपूर्व नहीं होता। आप महान हैं यानी महान हैं।) मेरे जैसा आदमी जो अपना कैरियर ब्लॉक करना नहीं चाहता था, महान न बनने में ही अपनी खैर समझता था। महान मैं इसलिए भी नहीं बनना चाहता था क्योंकि एक बार आप महान बने कि झूठ बोलने, मक्कारी करने, किसी से तू-तकार करने, जूतम-पैजार करने आदि पर अघोषित मगर स्थायी प्रतिबन्ध लग जाता है। यह जीते-जी चौराहे पर अपनी प्रतिमा बन जाने के समान है जो बेचारी न किसी से कुछ कह सकती है, न कर सकती है। न धूप और लू से बच सकती है, न कव्वे की बीट से, न धूल-धुएँ से। न आँखें बन्द कर सकती है और न आँखें खोल सकती है। साल में अगर किसी को याद आ गया तो वह एक बार आएगा, प्रतिमा की साफ-सफाई कर जाएगा, माल्यार्पण कर जाएगा और फिर सालभर की छुट्टी। ऐसा महान बनने से ज्यादा अच्छा है साधारण बने रहना, इसलिए मुझे महान बनना नापसन्द था।

लेकिन मेरा दुर्भाग्य कि़ एक दिन मेरे ही सामने, मेरी ही उपस्थिति में, मुझे ही महान कह दिया गया और मैं अवाक् हो सुनता रहा। वैसे मैं उस दिन जॉली मूड में था और कुछ हल्की-फुल्की बातें करना चाहता था मगर महान बना दिए जाने के बाद ऐसा न कर सका। जानबूझकर मुझे मेरी हत्या करनी पड़ी और गम्भीरतापूर्वक बातें कहने का प्रयास करना पड़ा।

उसके बाद हुआ यह कि कहनेवाले तो भूल गए और सुननेवाले भी भूल गए कि मैं महान हूँ मगर मुझे याद रहा कि मेरे बारे में सबके सामने कहा गया था कि मैं महान हूँ इसलिए मैं चाहे महान था या नहीं मगर महान होने का अभिनय मुझे करते रहना पड़ता था। तो इस परिस्थिति में मैंने पहली बार आत्मविश्लेषण किया कि क्या मैं वाकई महान तो नहीं हूँ तो मुझे स्पष्ट उत्तर मिला कि मैं महान नहीं हूँ। मैंने ऐसा कुछ भी

नहीं किया है कि मुझे महान माना जाए। लेकिन मैं अपने इस आत्मविश्लेषण से सन्तुष्ट नहीं हुआ और मैंने दूसरी बार फिर आत्मविश्लेषण किया और फिर मैंने पाया कि मैं वाकई महान नहीं हूँ। लेकिन फिर भी दिल नहीं माना और मैंने पुनः आत्मविश्लेषण किया और फिर भी यही निष्कर्ष निकला कि मैं महान नहीं हूँ। लेकिन मैं तब तक आत्मविश्लेषण करता रहा, जब तक कि मैं इस निष्कर्ष पर नहीं पहुँच गया कि मैं महान हूँ और मैं अभी तक खुद को सिर्फ इसलिए महान नहीं मान रहा था कि मैं विनम्र हूँ।

उसके बाद जिन्दगी में कभी किसी ने मेरे बारे में नहीं कहा कि मैं महान हूँ लेकिन मेरी मान्यता है कि उन्होंने मुझे इसलिए दुबारा महान नहीं कहा होगा कि मेरे मुँह पर वे मुझे महान कहना नहीं चाहते होंगे लेकिन मैं तब से कम-से-कम अपनी ओर से महान बना हुआ हूँ। कोई मुझे महान कहेगा तो मुझे प्रसन्नता ही होगी।

रेंक सके तो रेंक

—सर, आप क्या हैं—घोड़े या गधे ?

—घोड़ा हः-हः। गधा हः-हः।

—सर मेरे सवाल का स्पष्ट जवाब आपने नहीं दिया।

—मैंने दे दिया है भाई।

—लेकिन सर मेरी समझ में नहीं आया।

—इसका मैं क्या कर सकता हूँ। आपको समझ में आ जाता, तो मैं समझता कि आप घोड़े हैं।

—लेकिन मेरा सवाल आपसे है और बहुत सीधा है, जिसका दो टूक जवाब दिया जा सकता है और वह यह है कि आप घोड़े हैं या गधे हैं।

—यानी सवाल भी आपका होगा और जवाब भी आप ही मुझे बताएँगे।

—नहीं सर मेरा आशय यह नहीं है।

—अच्छा तो फिर मैं ही आपको गलत समझ रहा हूँ ?

—नहीं सर, मैं यह भी नहीं कह रहा हूँ।

—तो आप ये चाह रहे हैं कि मैं अपने आपको गधा मान लूँ ?

—नहीं मैं आपसे यह कह रहा हूँ कि आप सिर्फ यह बता दें कि आप क्या हैं—घोड़े या गधे।

—आपको क्या लगता है ?

—सवाल मेरे लगने का नहीं है सर, सवाल आपके होने का है।

—मेरी एक पूँछ है। है या नहीं है?

—है।

—चार टाँगें हैं। हैं या नहीं हैं ?

—हैं।

—दो कान हैं ?

—हाँ हैं।

—एक पीठ है जिसे देखकर आदमी का जी चाहता है कि लद ले या कुछ लाद दे। है या नहीं है ?

—हाँ है।

—एक मुँह है?

—'हाँ, है।

—तब तो साफ है कि मैं क्या हूँ।

—साफ कुछ भी नहीं है सर। ये बातें घोड़ों और गधों में समान रूप से पाई जाती हैं।

—क्या मैं हिनहिनाता हूँ ? अगर हिनहिनाता हूँ तो घोड़ा हूँ।

—सर ये तो आप स्वयं ही जानते होंगे कि आप हिनहिनाते हैं या रेंकते हैं।

—यानी आप बहरे हैं ? आपको कुछ नहीं सुनाई देता।

—नहीं ऐसा नहीं है सर।

—तो इसका मतलब यह है कि आपने मुझे न कभी हिनहिनाते सुना है, न रेंकते।

—सुना तो है।

—तो बताइए कि मैं हिनहिनाता हूँ या रेंकता हूँ।

—सच कहूँ सर, कभी तो ऐसा लगता है कि आप रेंक रहे हैं और कभी लगता है कि हिनहिना रहे हैं। कभी ऐसा भी लगता है कि हिनहिनाते हुए रेंक रहे है और कभी महसूस होता है कि आप रेंकते हुए हिनहिना रहे हैं।

—मतलब यह कि मैं घोड़ा भी हूँ और गधा भी।

—मेरे कहने का मतलब यह नहीं है।

—तो क्या है, मैं यह जान सकता हूँ आप से?

—सर आप स्वयं ही बता दीजिए न, आपसे बेहतर कौन जानता है कि आप क्या हैं ? मुझे तंग क्यों कर रहे हैं ?

—मैं और आपको तंग कर रहा हूँ ? आप मेरे पीछे पड़े हैं या मैं आपके ? फिर भी ऐसा है कि अभी-अभी मुझे रेंकने की तलब लगी है और यह न लगी होती तो मैं कभी यह नहीं बताता कि मैं गधा हूँ क्योंकि गधे की रणनीति हमेशा यह होनी चाहिए कि उसे घोड़ा समझा जाए। लेकिन सुनो मैं गधा होते हुए भी इतना गधा नहीं हूँ कि कोई भी कुम्हार या कोई भी धोबी मेरी पीठ पर कुछ भी लाद दे या खुद लद ले और मैं चल पड़ूँ। ऐसा है कि जब कोई गधा समझकर मुझ पर सवार होने की कोशिश करता है तो मैं हिनहिनाने लगता हूँ तो वह कन्फ्यूज हो जाता है। और अगर कोई मुझे घोड़ा समझने की 'गलती' कर बैठता है तो मैं रेंकने लगता हूँ तो वह भी कन्फ्यूज हो जाता है और मेरा फ्यूज कभी नहीं उड़ता। अबे गधे, अब तो तेरी समझ में कुछ आया या नहीं ? आया ? नहीं आया ? अच्छा अब तू चलता-फिरता दिख ताकि मैं प्रेम से रेंक सकूँ। रेंकने का आनन्द गधे के सिवाय कोई नहीं जानता। अरे तू भी प्यारे रेंक सकता हो तो रेंक।

बुशजी

1

—बुशजी।

—हान्जी।

—आपको इराक से खतरा है ?

—हाँ है जी।

—आपको ईरान से भी खतरा है ?

—हाँ है जी।

—आपको सीरिया से भी खतरा है ?

—हाँ है जी।

—आपको उत्तरी कोरिया से भी खतरा है ?

—हाँ है जी।

—आपको क्यूबा से भी खतरा है ?

—हाँ है जी।

—लेकिन सुना है कि आप बड़े ताकतवर हो ?

—वो तो हम हैं जी।

—और खतरे में भी आप ही सबसे ज्यादा हो ?

—वो भी हम हैं जी।

—तो आपसे तो मैं ही अच्छा।

—ऐसा नहीं हो सकता है जी।

—हो सकता है क्योंकि न तो मैं खतरे में हूँ, न मुझे किसी से खतरा है।

—इराक से भी नहीं ?

—इराक से भी नहीं।

—ईरान से भी नहीं ?

—ईरान से भी नहीं।

—किसी से भी नहीं ?

—किसी से भी नहीं।

—मुझसे भी नहीं ?

—आपसे भी नहीं।

—यह झूठ है।

—यह सच है।

—यह झूठ है।

—यह सच है।

—यह बात दुबारा मत कहना प्लीज वरना मैं पागल हो जाऊँगा क्योंकि मैं बुश हूँ और मैं सच को बर्दाश्त नहीं कर सकता।

2

—बुशजी।

—हान्जी

—आप कैसे हो जी ?

—खतरे में हूँ जी।

—खतरे में आप कब तक रहोगे जी ?

—हम तो हमेशा ही रहेंगे जी।

—अगर इराक, ईरान, सीरिया, उत्तरी कोरिया, क्यूबा वगैरह से खतरा खत्म हो जाए, तब भी ?

—हाँ जी, तब भी।

—क्यों जी, तब भी क्यों आप खतरे में रहोगे जी?

—क्योंकि हमें तो खतरे में रहना ही सूट करता है जी।

3

—बुशजी

—हान्जी

—घर में सब ठीक है जी ?

—हाँ जी, ठीक है जी।

—बहनजी ठीक हैं ?

—हाँ जी, वो ठीक हैं।

—बिटिया ठीक है ?

—हान्जी वो भी ठीक है।

—कुत्ते-कुतिया ठीक हैं ?

—वो तो जी सबसे ज्यादा ठीक हैं।

—इसका मतलब तो ये हुआ जी कि आप भी ठीक हो ?

—हम कहाँ ठीक हैं जी। लगे है कि आपने हमारी बात का गलत मतलब निकाल लिया जी। हम तो कत्तई ठीक नहीं हैं।

—ऐसा क्यों है जी ?

—ऐसा इसलिए है जी कि हम दिनरात दुनिया को ठीक करने में लगे रहते हैं और आप तो अच्छी तरह जानते हो जी कि ये दुनिया भी बड़ी कुत्ती चीज है, ठीक हो के नहीं देती। कुत्ते की पूँछ की तरह टेढ़ी है।

—तो आप खुद ही क्यों नहीं सीधे हो जाते ?

—जिस दिन हम सीधे हो जाएँगे उस दिन कुत्ते की पूँछ भी सीधी हो जाएगी और हम नहीं चाहते कि कुत्ते की पूँछ कभी सीधी हो।

4

—बुशजी।

—हान्जी।

—और आजकल क्या चल रिया है जी ?

—क्या बताएँ जी सब गड़बड़ चल रिया है जी। इराक में ऐसे फँसे पड़े हैं कि न निगलते बने है, न उगलते। ऊपर से ट्रेजेडी ये है कि रोज ये भी कहना पड़ता है कि हम डरनेवालों में नहीं हैं। खून की अन्तिम बूँद तक लड़ेंगे।

इतना कहकर वे रोने लगे।

मैंने उन्हें समझाते हुए कहा—"रोओ मत। इतना बड़ा आदमी रोता हुआ अच्छा नहीं लगता।"

उन्होंने कहा—"कुछ कहते हैं कि मैं हँसता हुआ अच्छा नहीं लगता। मैं रोने लगता हूँ तो आप कहते हो कि मैं रोता हुआ अच्छा नहीं लगता। इसका मतलब ये हुआ कि न मैं रोऊँ और न हँसू।"

इतना कहकर वे फिर रोने लगे तो मैंने उनसे कहा कि रो लो, बुशजी रो लो। कई बार तो ऐसा भी होता है कि आदमी को रोने तक का मौका नहीं मिलता।

5

—बुशजी।

—वो तो नहीं हैं जी।

—उनका मोबाइल नम्बर तो आपके पास जरूर होगा ? कुछ अर्जेंट बात करनी है।

—वो ऐरे-गैरों से फोन पर बात नहीं करते जी।

—मैं ऐरा-गैरा नहीं हूँ, ईसा मसीह हूँ।

—ओह ईसा मसीह साहब ! आपको तो मैं बिल्कुल भी सलाह नहीं दूँगा कि आप

उनसे बात करें। वो आपकी भी नहीं सुनेंगे। फिर भी आप चाहते हों तो मैं उनका मोबाइल नम्बर दे सकता हूँ।

—नहीं रहने दो।

—क्या मैं उन्हें बताऊँ कि आपने उन्हें फोन किया था ?

—नहीं मत बताना।

—आपको बुरी तो नहीं लगी मेरी सलाह ?

—नहीं बिल्कुल नहीं, बल्कि अच्छी लगी।

—लगता है आपकी आँखों में आँसू हैं ?

उधर से जवाब नहीं आता, मोबाइल रखने की आवाज आती है।

नेता से डरा हुआ कुत्ता

मैंने एक कुत्ता पाला है। समाज में उँचा उठने के लिए ये सब टोटके करने पड़ते हैं। हमारे एक दोस्त ने सुझाव दिया कि उनके भाई के ससुर की बहन के पति आई.पी.एस. हैं और उनके विदेशी नस्ल के कुत्ते का नाम 'मोमो' है तो आप भी अपने कुत्ते का नाम 'मोमो' रख लीजिए। हमने रख लिया। कौन ज्यादा सिर खपाए। कुत्ता अच्छा है। या तो वह भौंकता रहता है या वह पूँछ हिलाता रहता है।

अभी कल-परसों की बात है। सुबह का वक्त था। मैं ड्राइंग-रूम में बैठा अखबार पढ़ रहा था। चुपचाप मोमो आया। उसने मेरे घुटनों पर पंजे रखे और अपने दाँतों से अखबार खींचने लगा। मैंने उसे भगाया तो नहीं भागा। मैंने अब अखबार नीचे रख दिया। मोमो नीचे उतरा और कुछ दूर जाकर मेरे सामने मुँह लटकाकर बैठ गया। मैंने कुछ चिढ़कर कहा, 'क्या है मोमो। तुम मुझे अखबार क्यों नहीं पढ़ने दे रहे ?' फिर भी उसने कुछ नहीं कहा। तो मैंने फिर कहा, 'अच्छा ऐसे ही बैठे रहो मगर मुझे अखबार पढ़ने दो। मुझे नहा-धोकर ठीक साढ़े नौ बजे दफ्तर पहुँचना है।'

तब जाकर उसने कहा, 'साहब, मैं एक बात कहूँ, तो आप बुरा मत मानना। आज से मैं भौंकूँगा नहीं।'

मैं चौंका। मैंने कहा, 'क्या मतलब है तेरा ? तुझसे हम गधे-घोड़े का काम तो लेते नहीं। हम तुझसे सिर्फ भुँकवाने का काम लेते हैं। यह अलग बात है कि तू अपनी मर्जी से हमारे सामने पूँछ भी हिलाता रहता है। मगर तू भौंकेगा नहीं तो क्या करेगा ? घर में झाड़ू-पोंछा लगाएगा या खाना बनाएगा ?'

कुत्ते ने कहा, 'भौंकने के सिवाय आप जो कहेंगे, वह करूँगा, चाहे वह मेरे बस में हो या न हो मगर मैं भौंकूँगा नहीं।'

मैं परेशान हो गया। मैंने पूछा, 'मगर क्यों ?'

कुत्ते ने जवाब दिया, 'प्रोटेस्ट में। आजकल नेता लोग हमारा काम छीन रहे हैं। रोज भौंकते हैं। तरह-तरह से भौंकते हैं। इतना ज्यादा भौंकते हैं कि हम कुत्तों की भी बर्दाश्त से बाहर है। हम एक तरफ इनके भौंकने से बहरे हो रहे हैं, उधर हमारी रोजी-रोटी भी खतरे में पड़ती जा रही है। हमें आप लोग सिर्फ पूँछ हिलाने के लिए नहीं पालते, भौंकने के लिए भी पालते हैं। पहले आदमी ने हमसे पूँछ हिलाना सीखा। वह हमने बर्दाश्त कर लिया। मगर अब नेता भौंकने भी लगे हैं। हम तो अब कहीं के

नहीं रहेंगे। हमारी नस्ल को खतरा है। इसलिए हम तब तक नहीं भौंकेंगे, जब तक कि नेता भौंकना बन्द नहीं करते। यह हम सब पास-पड़ोस के कुत्तों का संकल्प है। अब आप जानें और चोर जानें।'

मैंने कहा, 'मोमो, तुम फालतू में घबरा रहे हो। नेता, नेताओं पर भौंकते हैं लेकिन हमने तो तुमसे कभी नहीं कहा कि नेताओं पर भौंको, उनके सामने तो हमने तुमसे हमेशा पूँछ हिलाने को कहा है। तुम्हारा काम है चोरों-लुटेरों से हमारी रक्षा करना, उन पर भौंकना। नेता कभी उन पर नहीं भौंकते। इसलिए तुम उन्हें अपना काम करने दो और तुम अपना काम करो। तुम्हें कोई खतरा नहीं है। चलो इस खुशी में भौंको।'

'लेकिन साहब,' मोमो की उदासी दूर नहीं हुई, 'हमारी नस्ल पर खतरा तो है। आज नेता भौंक रहे हैं, कल उनके श्रोता यानी आदमी भी भौंकने लगेंगे। सुनते हैं भारत में बहुत बेरोजगारी है और लोग अपना पेट पालने के लिए कुत्तों तक का रोजगार छीनने को तैयार बैठे हैं। वैसे भी साहब विदेशी नस्ल के कुत्ते पर जितना खर्चा आता है, उतने में कम से कम दो-तीन देसी आदमी पाले जा सकते हैं।' मोमो फिर मुँह लटकाकर बैठ गया। मैं उसे दिलासा देने की स्थिति में नहीं था। मैं उठा और ऑफिस के लिए तैयार होने लगा लेकिन मोमो की कही बात दिमाग में घूमती रही और दाढ़ी बनाते समय ब्लेड से मेरा गाल कट गया।

डरी हुई जनता

—जनता !

—जी सर।

—तुम कहाँ हो ?

—हम छुपी हुई हैं सर, हम नहीं बताएँगी कि हम कहाँ हैं।

—अच्छा मत बताओ मगर हमारे करीब तो आओ। हमें तुम्हारे बिना बहुत अकेलापन लग रहा है।

—नहीं आ सकतीं सर। आपकी पुलिस किसी-न-किसी शक में हमें मार डालेगी।

—जब हम बुला रहे हैं तो आओ। हम तुम्हें सुरक्षा देंगे।

—नहीं आ सकतीं सर। आप हमारे भूखे रहने पर टैक्स लगा देंगे। कहेंगे कि सुअर की औलाद, भूखी रहती हो, चलो टैक्स दो। ऐ, इनसे सख्ती से वसूलो वरना इनकी खाल खींच लो।

—नहीं-नहीं, ऐसा नहीं कहेंगे, ऐसा नहीं करेंगे, आओ।

—नहीं सर, हम उधर आपके पास आएँगी, इधर आपकी पुलिस हमारी झुग्गी-झोपड़ी तोड़कर चली जाएगी। आपका कोई अफसर इस बीच हमारी दिहाड़ी छीन लेगा सर, हम नहीं आएँगी।

—अरे इतना मत डरो। हम हैं न, तुम्हारे नेता। तुम्हारे प्रेमी, पुच्च-पुच्च, आओ।

—नहीं आएँगी सर, हम आपको अच्छी तरह जानती हैं सर। आपका भूत-भविष्य-वर्तमान सब जानती हैं सर। आपसे हम बहुत डरती हैं सर। हम नहीं आएँगी।

—अरे डरना-वरना नहीं चाहिए। डरो मत। नेता से डरते थोड़े ही हैं, उससे तो प्यार करते हैं। देखो लोग नेहरू जी से कितना प्यार करते थे आओ, आओ, आओ न, जनता ! हम तुम्हें चुनाव का खेल खिलाएँगे।

—नहीं खेलेंगी सर, मन नहीं है। खेल-खेलकर 'आल रेडी' बहुत थक चुकी हैं सर। थोड़ा-सा आराम कर लेने दीजिए सर। हम आपके पैर पड़ती हैं।

—ऐसा नहीं कहते। खेलने से भला कोई थकता है ? खेलने से तो शरीर को नई स्फूर्ति मिलती है, ऊर्जा मिलती है, दिमाग एकदम फ्रेश हो जाता है। आओ-आओ हम तुम्हें मन्दिर देंगे, आओ-आओ हम तुम्हें गो-हत्या के पाप से मुक्त करा देंगे, आओ-आओ,

हम तुम्हें हिन्दू-राष्ट्रवाद देंगे, दंगे-फसाद देंगे, फिर से एक कारगिल देंगे, आर्थिक उदारीकरण देंगे और कहोगी तो टैक्स में एक-दो रियायतें भी दे देंगे। आओ-आओ, हम वादा करते हैं, इसके बदले हम तुमसे सिर्फ वोट लेंगे और वोट के सिवाय कुछ और नहीं लेंगे। और यह भी वादा करते हैं कि तुमने वोट दे दिया, तो तुमसे अगले चुनाव तक कोई सम्बन्ध नहीं रखेंगे। आओ, अब तो खुश हो जाओ, मत शरमाओ, शरमाओ मत।

डरी हुई जनता मंच पर आती है। उसका मुँह नीचे है और आँखें जमीन में धँसी हुई हैं। नेता इतनी जोर से ताली बजाते हैं कि शोर से जनता के कान फट जाते हैं। उसके कानों से खून बहने लगता है। जनता लड़खड़ाती है, गिर जाती है। तभी पर्दा गिर जाता है। अन्दर से एक चीख आती है।

नेता की बीमारी है, अमेरिका में ही ठीक होगी

एक दिन मैंने अखबार में पढ़ा कि जम्मू-कश्मीर लिबरेशन फ्रंट के नेता यासीन मलिक को इलाज के लिए अमेरिका जाने की इजाजत टाडा अदालत ने दे दी है।

बड़ा शुक्र है अदालत का कि उसने मलिक साहब पर इतना भरोसा कर लिया। लेकिन मेरी समस्या दूसरी थी कि मलिक साहब के पास वहाँ इलाज कराने के लिए इतने डॉलर कहाँ से आएँगे ? जैसे कि कम पड़ जाएँगे तो मैं उन्हें दे दूँगा। फिर मैं सोचने लगा कि मलिक साहब को ऐसी क्या बीमारी है जो ससुरी इस भारत में ठीक नहीं हो सकती, जिसका आज की तारीख तक कश्मीर भी एक अंग है। फिर मेरे धर्मनिरपेक्ष मन ने कहा कि तू मलिक साहब की बीमारी को ही क्यों देखता है—इन वाजपेयियों, सिंहों, गुप्ताओं, शुक्लाओं की, बड़े-बड़े नेताओं, मन्त्रियों, मुख्यमन्त्रियों, भूतपूर्व और वर्तमान प्रधानमन्त्रियों की बीमारी नहीं देखता ? देखा कर। देखता होता तो तुझे मलिक साहब की बीमारी और उस पर खर्च होनेवाले डालरों की चिन्ता नहीं होती और तू इन तुच्छ चिन्ताओं को छोड़कर मानवता की सेवा के लिए कुछ बड़ी चिन्ताएँ कर रहा होता, जिससे मानवता का तो वही होता जो कि आजकल हो रहा है, लेकिन तेरा नाम तो रोशन हो ही जाता। तू कहीं माला पहन रहा होता, कहीं अभिनन्दन करा रहा होता, कभी इस तो कभी उस देश जा रहा होता, कहीं डॉक्टरेट ले रहा होता बल्कि हो सकता है कि तू कुछ पाने के साथ कुछ ठुकराने की स्थिति में आ चुका होता, जिससे दुनिया तेरे सामने झुकती। अभी तो तू दुनिया के सामने झुका हुआ है और जैसा कि दुनिया का नियम है, वह तुझे पूछ नहीं रही है।

मगर खैर मेरी वह हैसियत बनी नहीं क्योंकि कितनी ही कोशिश करूँ सड़ियल चिन्ताओं से मेरा पीछा छूटता नहीं। हिन्दी में लिखने पर और वह भी खास तौर पर व्यंग्य लिखने पर आदमी इस बीमारी का शिकार हो ही जाता है। परसाईजी तक इससे नहीं बचे थे तो तेरी बिसात क्या है। तो मैं कह रहा था कि मन्त्री और नेता होते ही सभी को भारत जैसे महान देश में ऐसी बीमारियाँ लग जाती हैं जिनका कि इलाज इस देश में होना बन्द हो जाता है। घुटना टूटता यहाँ है, बवासीर यहाँ होती है, दिल यहाँ खराब होता है और इलाज कराने उन्हें अमेरिका जाना पड़ता है या अमेरिका से डॉक्टर को यहाँ लाना पड़ता है। पता नहीं क्या ऐसी जटिलताएँ पैदा हो जाती हैं कि देश में पाँच और सात सितारा अस्पतालों के बावजूद उन बेचारों का इलाज नहीं हो पाता।

एक मन्त्री ने यहाँ कराया तो वह समय से बहुत पहले गुजर गया, जबकि राजनीति में उसे अपने असली समय के आने का अभी इन्तजार था। पहले तो यूरोपवाले भी हमारे इन नेताओं का इलाज कर दिया करते थे, मगर अब वे भी नाकाबिल हो चले हैं। ईश्वर हमारे नेताओं की मदद करे कि अमेरिका इनका इलाज करने में समर्थ बना रहे वरना पता नहीं इनका क्या होगा ! कहीं देश नेता-विहीन तो नहीं हो जाएगा !

आम हिन्दुस्तानी पहले सरकारी अस्पताल में यह सोचकर जाता था कि अगर जीने की नहीं तो मरने की इससे बेहतर जगह भारत में और कहीं नहीं है। भरती होने पर साफ-सुथरी नहीं तो गन्दी ही सही पलँग पर चादर मिल जाती थी, दवा नहीं तो दवा का असली भ्रम—वह भी मुफ्त में—मिल जाता था, अच्छा डॉक्टर नहीं तो एक प्रोफेशनल जल्लाद तो मिल ही जाता था। खाना नहीं तो खाने जैसी कोई चीज तो मिल ही जाती थी लेकिन अब तो कुछ भी नहीं मिलता। लेकिन आम हिन्दुस्तानी की मुश्किल जितनी बढ़ती गई, उतनी ही नेताओं-अफसरों की मुश्किलें आसान होती गईं। अब उनका अमेरिका में इलाज ज्यादा आसान है—चाहे ब्लेड से चेहरे पर खून निकलने पर टिटेनस का इंजेक्शन लगवाना हो तो भी वे वहाँ जा सकते हैं। वहाँ बढ़िया अस्पताल है और यहाँ बढ़िया प्रायोजक है। इधर सरकारी अस्पताल में पर्ची बनाने का भी पैसा लगने लगा है और उधर अमेरिकी अस्पतालों के दरवाजे इनके लिए ऐसे खुलते चले गए हैं, जैसे मन्दिर के दरवाजे हों।

निजी क्षेत्र में बड़े-बड़े, महँगे-महँगे अस्पताल खुलते गए और इनका अमेरिका पलायन बढ़ता गया। एक साधारण मध्यवर्गीय बीमार पड़कर अस्पताल पहुँच जाए तो उसकी जिन्दगी भर की बचत दो-तीन दिन में फुँक जाती है और यही सरकारी अस्पताल में गरीब आदमी के साथ होता है। वह बेटे-बेटी, माँ-बाप के इलाज के लिए खेत बेचने जाता है और जो पैसा लेकर वह दिल्ली-मुम्बई या चेन्नई के सरकारी अस्पताल में आता है, तो वह इतना कम होता है कि उसके रिश्तेदार की लाश ही अस्पताल से बाहर आ पाती है।

इधर नेता-अफसर को कितनी ही मामूली बीमारी हो, मलेरिया हो गया हो या शरीर में खुजली होने लगी हो या बवासीर हो गई हो या पेट में दर्द होने लगा हो या घुटना बेकार हो गया हो उनका इलाज सिर्फ अमेरिका में होता है। इन्हें अपना कुछ नहीं बेचना पड़ता, इनकी जिन्दगीभर की बचत को चूना नहीं लगता, इनका दम कमरे का किराया सुनकर नहीं घुटता, इनकी लाश अस्पताल से बाहर नहीं आती। ये अमेरिका में इलाज भी कराते हैं, बीवी-बच्चों के साथ खरीददारी भी करते हैं, सेक्स के लाइव शो भी देखते हैं और जब भारत पधारते हैं तो कम से कम चालीस-पचास लोग इन्हें लेने के लिए हवाई अड्डे पर हाजिर होते हैं और ये विमान की सीढ़ियों से ऐसे उतरते हैं जैसे अमेरिका इलाज कराने नहीं, भारत पर अहसानों का बोझ डालने आए हों।

जो दूसरों से जलता है, मसलन मैं, उसके पास चिन्तन करने के अलावा कोई उपाय नहीं रह जाता और मैं इस बीच काफी चिन्तन किया करता था कि नेताओं-अफसरों

को ऐसी क्या बीमारी हो जाती है कि उसका इलाज सिर्फ अमेरिका में होता है और क्यों वह बिना किसी चिन्ता-फिक्र के अमेरिका चला जाता है, जैसे गरीब अपने गाँव जाता हो या चिड़िया अपने घोंसले। क्यों उसका बैंक-बेलेंस इससे बिगड़ता नहीं, बल्कि सुधर जाता है। मैं इस निष्कर्ष पर पहुँचा हूँ कि नेता को सिर्फ एक बीमारी होती है कि उसे भारतीय जनता की कमाई हराम से खाने की बीमारी लग चुकी होती है और यह ऐसी बीमारी है जिसका इलाज अभी तक भारत में सम्भव नहीं हुआ है। अभी तक यहाँ इस बीमारी के लग जाने की ही सुविधा प्राप्त हुई है, इलाज की नहीं। वह हो गई तो भारत भी अमेरिका हो जाएगा हालाँकि वह होगा नहीं, क्योंकि धरती पर अमेरिका एक ही हो सकता है और वह पहले से मौजूद है और अमेरिका कोई पागल है जो दूसरे को भी अमेरिका हो जाने देगा, वह भारत को भारत ही रहने दे तो गनीमत है !

देशसेवा का धन्धा

—पापा, मैं देशसेवा करना चाहता हूँ।

—बेटा, अच्छे बच्चे देशसेवा नहीं किया करते, वे मल्टीनेशनलों में नौकरी करते हैं।

—क्यों, पापा, अच्छे बच्चे देशसेवा क्यों नहीं करते ? मल्टीनेशनल में नौकरी क्यों करते हैं ? देशसेवा करने से तो ज्यादा मेवा मिलता है। मैं तो पापा, सिर्फ देशसेवा ही करूँगा।

—तो तू मेवा पाने के लिए देशसेवा करना चाहता है बेटा ?

—ऑफकोर्स ! सभी इसीलिए करते हैं। अटलजी करते हैं, आडवाणीजी करते हैं, राम नाइक करते हैं। इसलिए किस-किस के नाम लूँ और किस-किस को छोड़ दूँ जिसका नाम भूलूँगा, वही बुरा मान जाएगा। तो मैं भी क्यों न देशसेवा करूँ ?

—तू तो बड़ा 'मैच्योर' हो गया है बेटा, बड़ा होकर तो तू न जाने क्या-क्या गुल खिलाएगा !

—आपका बेटा हूँ न पापा। बहुत कुछ करूँगा। आप भी तो सरकारी अफसरी करके देशसेवा ही कर रहे हैं। मेरा मतलब है कि मेवा ही खा रहे हैं।

—क्या करें बेटा, मन्त्रियों के साथ रहते हैं तो हमें भी देशसेवा करनी पड़ जाती है। आखिर, ये देश अपना है न ! इसकी सेवा हम नहीं करेंगे तो कोई बाहरी आदमी तो आकर करेगा नहीं !

—सही कहा पापा आपने, ईस्ट इंडिया कम्पनी तो रही नहीं और अंग्रेज भी चले गए, तो देशसेवा तो अब देशी लोगों को ही करनी पड़ेगी। मजबूरी है। लेकिन, पापा आपने मुझे शुरू में क्यों सलाह दी थी कि मैं देशसेवा न करूँ ?

—अरे बेटा, मुझे क्या पता था कि तू इतना प्रतिभावान है कि देशसेवा का 'सही' अर्थ समझने लगा है। मैंने तो समझा था कि जवान खून है। देशसेवा के चक्कर में पड़कर अपना करियर बर्बाद कर लेगा। न जाने कहाँ-कहाँ, किन-किन बस्तियों में धूल फाँकेगा। लेकिन तू अवश्य करना देश की सेवा। देश में अभी काफी भूख है, गरीबी है, भ्रष्टाचार है, असमानता है, अशिक्षा है। जब तक ये हालत रहेगी, तुझ जैसे नवयुवकों को देशसेवा करने की जरूरत रहेगी।

—हाँ, पापा सही कहा आपने। अभी तो देश में पर्याप्त पेट्रोल पम्प तक नहीं है।

—और गैस की एजेंसियाँ भी नहीं हैं बेटा।

—पता नहीं पापा, देश में क्या-क्या नहीं है। लेकिन लालकृष्ण आडवाणी हैं, राम

नाइक हैं, जार्ज फर्नांडीस हैं, प्रमोद महाजन हैं। फिर हम-आप जैसे तमाम सज्जन तो हैं ही। तब क्या फिकर है ! सब ठीक हो जाएगा।

—हाँ बेटा, जब तक भाजपा है, जब तक विहिप है, जब तक बजरंग दल है, जब तक नरेन्द्र मोदी हैं, जब तक हम हैं, तब तक तो चिन्ता की कोई बात ही नहीं है। देश का चेहरा, चरित्र और चाल सुधरती ही चली जाएगी।

—पापा ये सब देशसेवा के लिए ही बने हैं न। मेड फॉर देशसेवा।

—बने ही नहीं हैं बेटा, सक्रिय देशसेवा बेचारे कर भी रहे हैं। जितना हो सकता है कर रहे हैं। किसी तरह की कोई कसर रख नहीं रहे हैं।

—हाँ पापा, नरेन्द्र मोदी ने कितना कुछ किया, सैकड़ों लोगों को मरवाया, हजारों को राहत शिविरों में सड़वाया, उन्हें घर से बेघर करवाया, फिर राहत शिविरों से भी बेदखल करवाया। यह कोई आसान काम नहीं है। इसके लिए कलेजा चाहिए, कलेजा।

—हाँ बेटा बेचारे नरेन्द्र मोदी का कलेजा तो देश के लिए हमेशा ही सीने से बाहर निकला रहता है। इसीलिए वह बेचारा मुख्यमन्त्री बना हुआ है। कौन करेगा देश के लिए इतना ? कौन करेगा गुजरात की इतनी सेवा ? और ये धर्मनिरपेक्षतावादी वहाँ चुनाव नहीं होने दे रहे थे।

—उसे दूसरी बार मुख्यमन्त्री बनाने का चांस नहीं दे रहे थे। कितनी बुरी बात है !

—बहुत बुरी बात है पापा। अब देखिए, राम नाइक बेचारे ने क्या किया ? आडवाणीजी के कहने पर अपनी पार्टी के लोगों को पेट्रोल पम्प ही तो दिए, गैस एजेंसियाँ ही तो दीं ! क्या भाजपा के लोग देशवासी नहीं हैं ? क्या उन्हें पेट्रोल-डीजल में मिलावट करने का हक नहीं है ? क्या मिलावट करना, भाई-भतीजों का भला करना देशसेवा नहीं है ?

—बिल्कुल है बेटा। देश की सेवा का मतलब ही है, भाई-भतीजों की सेवा। देश की सेवा का मतलब ही है भ्रष्टाचार को बढ़ावा देना, कमीशन खाना, दंगे करवाना, हत्याकांड प्रायोजित करना, मिलावट करना इत्यादि। जो मिली-जुली संस्कृति की बात करते हैं, जो गेहूँ, हल्दी, मिर्च, पेट्रोल, डीजल में मिलावट तक पसन्द नहीं करते, वे क्या मिलीजुली संस्कृति को आगे बढ़ाएँगे ? इन्हें संस्कृति तो मिली-जुली चाहिए मगर पेट्रोल-डीजल और हल्दी में मिलावट नहीं चाहिए ! ये दोहरे मापदंडवाले लोग हैं। इनसे देश को बचाना है।

—हम ये दोहरे मापदंड नहीं चलने देंगे, पापा।

—हम देशसेवा के मार्ग में किसी तरह की बाधा को स्वीकार नहीं करेंगे, बेटा।

—भारत माता की जय। देशसेवक, विजयी होंगे।

—भारत माता की जय। देशसेवक देशसेवा से कभी पीछे नहीं हटेंगे। तू आगे बढ़। तू हटना मत, देश का सवाल है। रुकना मत, चलते रहना, बढ़ते रहना। जय भारत देश हमारा।

भीख और देशभक्ति

उन्हें दान देने का बहुत शौक था। दिनभर वे चवन्नियाँ-अठन्नियाँ इकट्ठा करते और शाम को भिखारियों को दान में दे देते। उन्हें भिखारियों से माई-बाप कहलवाना, उनका गिड़गिड़ाना, पाँव पकड़ना, खाली पेट दिखाना अत्यन्त सुन्दर और सजीव लगता था। वे दान देकर खूब प्रसन्न मन से घर लौटते, सुस्वादु भोजन करते और टी.वी. देखते-देखते खर्राटे लेने लगते।

संयोग से उन्हें विदेश जाने का सुअवसर मिला। इसे ईश्वर की कृपा मानकर वे अत्यन्त प्रसन्न हुए और जाने के लिए फौरन तैयार हो गए। वहाँ भी उन्होंने दिनभर वहाँ की अठन्नियाँ-चवन्नियाँ बटोरीं। शाम को वे दान देने के लिए सड़क पर निकले तो कोई भिखारी नहीं मिला। वे सड़क छोड़कर गलियों में गए तो वहाँ भी कोई भिखारी नहीं मिला।

अन्त में वे बड़े कातर स्वरों में मोहल्ले-मोहल्ले, गली-गली पुकारते पाए गए—'ले लो अठन्नी-चवन्नी की भीख, कोई ले लो।'

तब भी कोई भीख लेने नहीं आया तो उन्होंने पुकारा—'अच्छा तुम्हें रुपया-दो रुपया दे दूँगा, ले लो।' फिर भी नहीं आया तो पुकारा—'अरे ले लो, मुझसे कोई एक तो भीख ले लो। मैं बाबा एक डॉलर दे दूँगा।'

तब भी कोई नहीं आया, तो उनका दम घुटने लगा, उनकी साँस उखड़ने लगी, उनका चेहरा पीला पड़ने लगा। उन्हें मातृभूमि की याद सताने लगी, वे भारत माता के लिए सड़क पर बैठे-बैठे बिलख-बिलखकर रोने लगे। उन्होंने तुरन्त दिल्ली का हवाई टिकट कटवाया।

भारत भूमि लौटकर वे इतने प्रफुल्लित हुए कि इस देश की मिट्टी को चूमने लगे, माथे से लगाकर रोने लगे और भारत माँ से वायदा करने लगे कि माँ तुझे प्रणाम, मैं तुझे छोड़कर अब कभी—कभी भी कहीं नहीं जाऊँगा। माँ मेरी भूल माफ कर।

माँ बिचारी क्या कहती, चुप रहने में ही उसने भलाई समझी !

भ्रष्टाचार में क्या रखा है ?

मुझे तो नहीं लगता कि भारत में भ्रष्टाचार भी कोई खबर है। हाँ, हद से हद इसे अखबारों के 'टुडेज एंगेजमेंट' यानी 'आज के कार्यक्रम' में जगह दी जा सकती है। मैं कई सम्पादकों से कह चुका हूँ और एकाध से तो झगड़ भी चुका हूँ कि महाराज आप अपने 'टुडेज एंगेजमेंट' में यह क्यों नहीं छापते कि आज फलाँ-फलाँ विभाग में सार्वजनिक भ्रष्टाचार कार्यक्रम है। जिन श्रद्धालुओं को इसमें भाग लेना हो, अवश्य लें। हाँ, जिस दिन छापा आदि पड़ने की औपचारिकता पूरी होनी हो, उस दिन यह न छापें। लेकिन सम्पादकगण कहते हैं कि हम 'आज के कार्यक्रम' में सिर्फ उन्हीं कार्यक्रमों की सूचना छापते हैं जिनकी विज्ञप्तियाँ लेटरहैड पर हमारे पास आती हैं। हम अपनी मर्जी से उसमें कुछ नहीं छाप सकते। मैंने कहा कि एक हफ्ते आप अपनी तरफ से छाप दो तो अगले हफ्ते से अपने आप आपके पास विज्ञप्तियाँ भी आने लगेंगी और आपके अखबार का सर्कुलेशन बढ़ जाएगा। लेकिन वे मानते नहीं।

मैं उन्हें समझाता हूँ कि दिल्ली में ट्रैफिक पुलिस खुलेआम प्राइवेट बसवालों, ट्रकवालों से रिश्वत लेती है या नहीं लेती ? लेती है न, सुप्रीम कोर्ट और हाई कोर्ट के ठीक पास में भी लेती है। और वह रिश्वत इतने ज्यादा खुले ढंग से और प्रामाणिक तरीके से लेती है कि हजारों लोगों को तो साफ-साफ दिख जाता है कि क्या हो रहा है मगर देश के गृहमन्त्री को, दिल्ली के पुलिस कमिश्नर को, सी.बी.आई. को और आदि-आदि को नहीं दीखता। शायद वे मानते होंगे कि दीया तले तो अँधेरा रहता ही है। अगर दीया तले भी अँधेरा नहीं रहेगा तो बाकी कमरे में प्रकाश कैसे रहेगा ? इस तरह कमरे में प्रकाश के हित में वे दीया तले अँधेरे को रहने देते हैं। अतः जब रिश्वत देनेवाले से लेकर लेनेवाले तक ने और गृहमन्त्री से लेकर पुलिस कमिश्नर तक ने स्वीकार कर लिया है कि ऐसा तो होगा ही तो इसे 'दैनिक कार्यक्रम' में छपवाने से उन्हें क्या दिक्कत हो सकती है ? और दिल्ली पुलिस को इसकी विज्ञप्ति भेजने में भी कठिनाई क्या है ? आज नहीं तो कल वह भेज देगी।

अब जब भ्रष्टाचार अखबारों के 'टुडेज एंगेजमेंट' कॉलम में आने को उतावला हो रहा है और इक्कीसवीं सदी भी आ ही चुकी है तो न्यायमूर्तियों, मजिस्ट्रेटों, जजों वगैरह के भ्रष्टाचार को क्यों सुर्खियों में छापा जा रहा है ? ट्रैफिक पुलिस अपना काम करे, सेल्स टैक्सवाले अपना काम करें, इनकम टैक्सवाले अपना काम करें, बिजलीवाले तथा

पानीवाले अपना काम करें, मन्त्री, विधायक, सांसद तथा किसिम-किसिम के दलाल अपना-अपना काम करें मगर सारे के सारे न्यायमूर्ति, मजिस्ट्रेट, जज वगैरह साधु-संन्यासियों की तरह चुपचाप बैठे रहें, जैसे वे इस दुनिया में रहते ही न हों, यह कहाँ का न्याय है ? साफ-साफ कहना होगा कि यह अन्याय है और अन्याय के सिवाय कुछ नहीं है।

न्यायमूर्तियों, जजों, मजिस्ट्रेटों को आखिर क्यों 'टारगेट' किया जा रहा है ? एक मजिस्ट्रेट को तो रिश्वत लेते हुए रँगे हाथों पकड़े जाने के बाद अपने बँगले में लगे पेड़ के सहारे पहली मंजिल से नीचे उतरकर भागना पड़ा। यह क्या अच्छी बात है ? पचास-पचपन साल की उम्र का समाज का एक सम्मानित सदस्य इस तरह पेड़ से नीचे उतरने को विवश किया जाए, इससे पता चलता है कि हमारा समाज पतन के किस गर्त में गिरता जा रहा है। जब मन्त्रियों पर कवयित्रियों की हत्या तक के आरोप लग सकते हैं तब तो कुछ भी हो सकता है। हे भगवान, अपने भक्तों को शरण में लेना और उन्हें सी.बी.आई. के भरोसे मत छोड़ देना।

इनमें मतभेद नहीं हैं क्योंकि...

वे कहते हैं कि हम दोनों में मतभेद नहीं हैं जबकि प्रेसवाले कहते हैं कि हैं। वे कहते हैं कि नहीं हैं, नहीं हैं, नहीं हैं। मतभेद की बात प्रेस की कपोलकल्पना है। मगर प्रेसवाले नहीं मानते और कहते हैं कि हैं, हैं, हैं। यह कपोलकल्पना नहीं है, यथार्थ है। मैं कल तक पसोपेश में था कि इनमें मतभेद हैं या नहीं हैं मगर आज मैं स्पष्ट हूँ कि वाकई इनमें मतभेद नहीं हैं। आप कहेंगे कि तेरे को क्या मालूम ! तू कैसे कह सकता है कि इनमें मतभेद हैं या नहीं हैं। तू तो इन दोनों को इनके नाम के सिवाय जानता तक नहीं और ये तो तेरा नाम भी नहीं जानते।

तो मैं बताता हूँ कि कैसे मुझे मालूम कि इनमें मतभेद नहीं हैं। मुझे मालूम ऐसे हुआ कि जब मैंने इस विषय पर इस तरह से विचार करना शुरू किया।

आपने कभी सुना क्या कि भारत में लोकतन्त्र है और बोलने की आजादी है इसलिए दो आलुओं में मतभेद पैदा हो गए हैं ? नहीं सुना होगा। भले ही उनमें से एक आलू बड़ा और दूसरा छोटा हो, एक आलू ताजा और दूसरा सड़ा हुआ हो, भले ही उनमें से एक आलू पहाड़ी और दूसरा जमीनी हो, भले ही उनमें से एक आलू गांधीनगर में बिका हो और दूसरा लखनऊ में या दोनों ही नागपुर के एक ही घर में चूल्हे पर पककर सब्जी बने हों।

यह कहना कि इन आलुओं में मतभेद हैं सिवाय कपोलकल्पना के कुछ नहीं हो सकता। यह मानना और मनवाना कि इनमें मतभेद हैं सिवाय लोकतन्त्र और अभिव्यक्ति की आजादी का मखौल उड़ाने के कुछ नहीं हो सकता।

अगर लोकतन्त्र के होते हुए दो आलुओं में मतभेद नहीं हो सकते तो यह कैसे सम्भव है कि बैंगन और मूली में आपस में मतभेद हों ? हाँ, इनमें रंगभेद हो सकता है, आकारभेद हो सकता है, मौसमभेद हो सकता है, इलाकाभेद हो सकता है मगर मतभेद नहीं हो सकता। इनमें मतभेद की बात कोरी कल्पना है और केवल लोकतन्त्र और अभिव्यक्ति की आजादी का मखौल है। और अगर आलू, बैंगन और मूली में मतभेद नहीं हो सकते तो लोटे और थाली में, दरवाजे और खिड़की में, गाय और भैंस में क्योंकर मतभेद होगा ? लोकतन्त्र इनमें मतभेद होने की गारंटी नहीं दे सकता। लोकतन्त्र में ये कुव्वत ही नहीं है कि इनमें मतभेद करा दे।

स्पष्ट है कि लोकतन्त्र और अभिव्यक्ति की आजादी के बावजूद मतभेद सब्जियों

में, बर्तनों में, धातु, प्लास्टिक और लकड़ी आदि से बनी चीजों में सम्भव ही नहीं है। मतभेद दो जानवरों में भी सम्भव नहीं है—भले वे दोनों पालतू हों और भले ही वे दोनों दुधारू और इतने सीधे-सादे हों जितनी कि गाय और भैंस होती है।

मतभेद होने के लिए लोकतन्त्र और संसदीय व्यवस्था के बावजूद—जिनमें मतभेद होने की बात की जाती है—उनके अपने-अपने मत होने चाहिए जो कि जाहिर है कि दो सब्जियों के या दो बर्तनों के या इसी तरह की किन्हीं भी दो चीजों के नहीं हो सकते। और जब इनमें मतभेद हो ही नहीं सकते तो कोई किस हक से यह लिख सकता है कि इनमें मतभेद हैं और उसे क्या हक है ये न मानने का कि दरअसल इनमें मतभेद नहीं हैं ?

मुझे आशा ही नहीं पूर्ण विश्वास है कि अब आप भी मान गए होंगे कि इनमें मतभेद नहीं हैं और मुझे उम्मीद है कि इनकी ओर से भी मुझे धन्यवाद-पत्र बस आता ही होगा कि अन्ततः मैंने कितनी खूबसूरती और सच्चाई के साथ यह साबित कर दिया है कि इनमें मतभेद नहीं हैं, हालाँकि ये पहले से बार-बार, बार-बार कह रहे थे कि हममें कोई मतभेद नहीं हैं मगर कोई मान नहीं रहा था कि इनमें मतभेद नहीं हैं।

क्योंकि तुम भगवा नहीं हो

एक समय की बात है। इस पृथ्वी पर भारत नामक एक प्राचीन देश हुआ करता था। उसे सरकार नामक एक संस्था चलाती थी, जिसे उस समय भाजपा नामक एक विशेष प्रजाति के लोग चलाने लगे थे। उनकी समस्या यह थी कि वे भारत नामक उक्त देश को भगवा नामक एक विशेष रंग में रँगना चाहते थे।

मगर भारत नामक उस देश की उस समय भी समस्या यह थी कि उसमें मनुष्य नामक प्राणी रहा करते थे। इन मनुष्य नामक प्राणियों की समस्या यह थी कि इनमें कोई गोरा था, तो कोई काला, कोई साँवला था तो कोई कुछ-कुछ पीला। किसी की नाक लम्बी थी, तो किसी की चपटी। किसी का कद लम्बा था, तो किसी का छोटा। कोई नाक से साँस लेता था, तो कोई मुँह से। कोई तमिल बोलता था, तो कोई बंगाली। कोई मलयाली बोलता था, तो कोई हिन्दी। किसी को पराठा पसन्द था, तो किसी को पूड़ी। किसी को चावल पसन्द था, तो किसी को रोटी। कोई खुदा को मानता था तो कोई ईश्वर को। कोई ईसामसीह को मानता था, तो कोई किसी भी ईश्वर को नहीं मानता था। कोई किसान था, तो कोई मजदूर। कोई क्लर्क था, तो कोई वकील। कोई गा-गाकर बोलता था, तो कोई रो-रोकर। नतीजा यह था कि किसी को नीला रंग पसन्द था, तो किसी को पीला। किसी को हरा रंग पसन्द था, तो किसी को लाल। इसलिए कोई किसी एक रंग में रँगने को तैयार नहीं था।

वे कहते थे, अगर इस देश को बचाना है, मस्जिदें गिरानी हैं, बम बनाना है, फासिज्म लाना है, तो हमारे साथ आओ। इसे भगवा रंग में रँगो। लेकिन कोई नहीं रँगता था। जिस देश में कृष्ण के रंग में मीरा के रँगने की परम्परा रही है, वहाँ भगवा रंग में कौन बेवकूफ रँगना पसन्द करता ? जहाँ की प्रकृति कभी किसी एक रंग में नहीं रँगी, जहाँ के पहाड़ कभी किसी एक रंग में नहीं रँगे, जहाँ के समुद्रों के पानी का रंग तक कभी एक नहीं रहा, जहाँ फूल तक सैकड़ों रंगों में खिलते थे और हजारों खुशबुएँ देते थे, जहाँ मछलियाँ, तितलियों तक ने कभी एक रंग, एक ढंग में रँगना पसन्द नहीं किया, वहाँ आदमी कैसे किसी एक रंग में रँग जाता—फिर वह चाहे भगवा हो या काला, नीला हो या पीला ?

लेकिन वे थे कि लोगों को भगवा रंग में रँगने पर तुले हुए थे। वे कहते थे कि यह देश पिछड़ा हुआ ही इसलिए है कि यह कभी किसी एक रंग में नहीं रँगा। वे कहते

थे, कितना सुन्दर लगेगा, जब चारों ओर भगवा रंग होगा ! तब सपने भी भगवा होंगे और कल्पनाएँ भी भगवा लेकिन लोग पूछते कि भई तुम आसमान का क्या करोगे ? उसे कैसे भगवा करोगे ? तुम घास का क्या करोगे ? उसे कैसे भगवा करोगे ? तुम पानी का क्या करोगे ? उसे कैसे भगवा करोगे ? तुम आदमी के रंग को भगवा कैसे करोगे ? तुम ऐसी चिड़ियाएँ कहाँ से लाओगे, जो भगवा हों ? तुम ऐसी सुबहें, ऐसी शामें कहाँ से लाओगे, जो भगवा हों ? और तुम पीले रंग को भगवा रंग पर छाने से कैसे रोकोगे, जो कि पूरी प्रकृति में बिखरा है ? तुम हरे को कहाँ ले जाकर छुपाओगे, जो चट्टानों के बीच भी पनपता है ? तुम उस नीलेपन का क्या करोगे, जो कि जामुन के तन-मन में बसा है ?

उन्होंने कहा कि जब मनुष्य की कल्पनाएँ और सपने भी भगवा हो जाएँगे तो फिर किसी और रंग का कोई महत्त्व नहीं रहेगा। हमें देखो, हमें मुसलमानों में मनुष्य नहीं दिखता लेकिन तुम्हें दिखता है। तुम्हें दिखेगा क्योंकि तुम्हारा सोच, तुम्हारी कल्पनाएँ, तुम्हारे सपने, तुम्हारा भविष्य अभी भगवा नहीं हैं। जिस दिन हो जाएगा, तुम्हें भी मुसलमान मनुष्य नहीं दिखाई देगा। अब देखो, हमें बाबरी मस्जिद ढाँचा लगती थी, तुम्हें मस्जिद लगती थी क्योंकि तुम भगवा नहीं थे। इससे तुम्हें अन्ततः क्या फायदा हुआ ? कुछ नहीं। सिर्फ तकलीफ हुई, क्योंकि हमने मस्जिद गिरा दी। हमें इससे खुशी हुई। तुम भगवा हो जाते तो तुम्हें भी खुशी होती। तुम अपनी खुशी की खातिर ही भगवा हो जाओ।

अब देखो, हमारे सपने भगवा हैं, तो हमने बम बना दिया। तुम्हें इससे दुख हुआ क्योंकि तुम्हें हिरोशिमा तथा नागासाकी की याद आ गई। तुम्हें यह दुख और यह तकलीफ इसलिए हुई कि तुम भगवा नहीं हो। भगवा होते तो तुम्हें हर्ष होता। उस हर्ष में तुम ताल ठोंककर कहते कि आ पाकिस्तान तू भी आ जा, बता तू कब कहाँ, किस समय हमसे लड़ेगा ? आ, हमसे लड़ ले, मगर तुम हमारे इस हर्ष से भी दुखी हुए क्योंकि तुम भगवा नहीं हो। तुम पीले, काले, लाल या गुलाबी हो, हरे या नीले हो। आओ मनुष्यो पीले, लाल, हरे, नीले होना बन्द करो। कन्नड़, उर्दू, उड़िया में बोलना बन्द करो। आँखों से देखना बन्द करो, सिर्फ कानों से सुनना शुरू करो। तुम भगवा हो जाओगे।

अब इसके बाद ठीक-ठीक क्या हुआ, क्या नहीं हुआ, यह आप जानते हैं। लेकिन यह सत्य अटल है कि एक समय की बात है कि पृथ्वी पर भारत नामक एक प्राचीन देश हुआ करता था और उसे भगवा रंग में रँगने की जोरदार कोशिशें हुई थीं।

अरे संघी भाई, कुछ तो करो

पुराने ज़माने के बादशाह बड़े 'दुष्ट' होते थे। एक ने ताजमहल बनवा दिया और एक ने लाल किला। लाल किले से भगवा प्रधानमन्त्री को भाषण देना पड़ता है और ताजमहल की खूबसूरती ऐसी है कि संस्कृति के बड़े-से-बड़े दुश्मन के भी—जैसे कि हमारे संघी भाई हैं—दिल में बस जाती है। हमारे हिन्दू राष्ट्रवादी लाल किले और ताजमहल से दुःखी होते रहते हैं। उनके सीने पर साँप लोटता रहता है। मगर न वे ताज का कुछ कर पाते हैं और न प्रधानमन्त्री को लाल किले से उतार पाते हैं।

हिन्दू राष्ट्र के इस जमाने में बहनजी ताज कॉरीडोर बनाकर ताजमहल की ऐसी-तैसी करना चाहती थीं। उनका उद्देश्य सिर्फ इतना ही था कि कुछ कमाई-वमाई हो जाए। दो-चार, दस-बीस करोड़ मिल जाएँ वरना बहनजी को ताजमहल से न दोस्ती है, न दुश्मनी। मगर ताज की महिमा देखिए कि हिन्दू राष्ट्र के संस्कृति मन्त्री ने ही 'ताज कॉरीडोर' पर बावेला मचा दिया और नौबत यहाँ तक आन पहुँची कि बहनजी की सरकार चली गई। हिन्दू राष्ट्र के जमाने में संस्कृति का ऐसा इतना महत्त्व तो न देखा था, न जाना था कि भरी-पूरी सरकार चली जाए। यह थी शाहजहाँ की 'दुष्टता'। उसने ऐसी 'दुष्टता' की कि सैकड़ों साल बाद उसकी बनाई इमारत से हमारी बहनजी ने छेड़छाड़ करनी चाही तो उनकी सरकार को बोरिया-बिस्तरा बाँधना पड़ गया।

हिन्दू राष्ट्रवादियो, सीखनी हो 'दुष्टता' तो उन बादशाहों से सीखो, जिन्होंने ताजमहल बनवाया, लाल किला बनवाया और ऐसी ही तमाम खूबसूरत इमारतें हिन्दुस्तान भर में बनवाईं कि सैकड़ों साल बाद भी उन्हें कोई छेड़ नहीं सकता। तुम भी कुछ ऐसा बनाओ कि टूट न सके, जिसे दूर से छेड़ने पर भी बावेला मच जाए। अरे, तोड़ने से कुछ नहीं होगा। वहाँ बना भी लिया तुमने एक मन्दिर तो कोई नहीं कहने वाला कि वह ताजमहल जैसा खूबसूरत है। क्योंकि तुम क्या जानो क्या होती है खूबसूरती, क्या होता है सौन्दर्य, क्या होती है कोमलता, क्या होती है कला जो सैकड़ों साल की दूरियाँ भी ऐसे पार कर जाती है, जैसे कोई चिड़िया हो। तुमने और तुम्हारे जैसे दिमाग के लोगों ने एक भी ऐसी इमारत बनाई है, जिसकी खूबसूरती नष्ट न होने की चिन्ता सारी दुनिया को हो। कुछ बना के दिखाओ, भैया ! तुम्हारे मस्जिद तोड़ने के 'शौर्य' को कोई काना कुत्ता भी इतिहास में नहीं पूछेगा। इतिहास बहुत बड़ी चीज होती है। तुम इतने ज्यादा बौने भी मत बनो कि उससे बिल्कुल ही बाहर हँकाल दिए जाओ।

अरे ताज नहीं तो साँची का स्तूप ही बनाकर दिखा दो। एक सूर्य मन्दिर बनाकर दिखा दो। अजमेर शरीफ की दरगाह या निजामुद्दीन औलिया की दरगाह जैसी कोई पवित्र जगह बना दो, जहाँ सब सिर नवाते हुए, दुआएँ माँगते हुए आएँ। वह भी नहीं कर सकते तो एक मकबूल फिदा हुसेन, एक हबीब तनवीर की इज्जत करना तो सीख जाओ, अगर ऐसे कलाकार तुम पैदा नहीं कर सकते तो ! उन्हें मुसलमानों की तरह नहीं, कलाकार की तरह देखना तो सीख लो। उनसे बहस करो, मगर उनकी इज्जत तो रखो कि वे कलाकार हैं और मुसलमान हैं या नहीं, और हैं तो कितने हैं, यह तो शायद उन्हें भी पता नहीं होगा।

अरे कुछ तो करो मस्जिदें तोड़नेवालो, हत्याकांड और बलवे तो बहुत कर चुके। बलवाइयों और हत्यारों की कभी इज्जत नहीं होती—न उनके समय में, न उनके बाद कभी। उन्हें बलवाइयों और हत्यारों के रूप में ही पहचाना और याद किया जाता है। अरे कुछ न कर सको तो बलवे और हत्याएँ करना ही बन्द कर दो। घर बैठो और राम का नाम जपो। राम का नाम लेते समय उन्हें सिर्फ राम या सियाराम नहीं कह सकते, तो श्रीराम ही कहो, मगर भैया घर तो बैठो। अरे कुछ तो सभ्यता सीखो। सभ्यता दूसरों से नहीं सीखना चाहते, तो अपने ही धर्मग्रन्थ ठीक से पढ़ लो। बाल्मीकि रामायण ही ठीक से पढ़ लो। उपनिषद पढ़ लो। पढ़ तो लो भैया, उन्हें ही पढ़ लो। पढ़ना-लिखना बहुत काम आता है भैया ! संस्कृति के बारे में दूसरों को सिखाना बन्द करके, खुद कुछ सीखना शुरू कर दो। कुछ नहीं तो अच्छा संगीत ही सुन लो। हिन्दू संगीतकारों को ही सुन लो। भीमसेन जोशी को सुन लो, कुमार गन्धर्व को सुन लो। वैसे उनका गाया तुम्हारी समझ में नहीं आएगा। तो तुम ऐसा करो, लता मंगेशकर के पुराने और बेहतरीन गाने ही ठीक से सुन लो। उन्हें 'एन्जॉय' करना सीख लो। बन्धुओ, कुछ तो करो ! दिल और दिमाग तुम्हारा सुन्न पड़ा है, संवेदनहीन हो चुका है, मृत हो चुका है। उसमें हरकत लाओ, उसे जीवित करो। हमारी अपील पर कभी कान भी दे दिया करो भैये !

वे फिर भी हैं 'राष्ट्रवादी'

वाह-वाह, क्या कहने इस राष्ट्रवाद के ! क्या कहने इस धर्म संसद के ! वे कहते थे हम सबसे बड़े राष्ट्रवादी हैं। हमने आजादी की लड़ाई नहीं लड़ी तो क्या हुआ मगर हम, सिर्फ हमीं राष्ट्रवादी हैं। हमने शुरू से दूकानदारों-कारखानेदारों की दलाली की, तो क्या हुआ, निजीकरण और खुले बाजार की वकालत की तो क्या हुआ, हमीं और सिर्फ हमीं राष्ट्रवादी हैं। कोई पूछता कि भाई आप क्योंकर हुए राष्ट्रवादी ? तो वे कहते कि हम कहते हैं कि हम राष्ट्रवादी हैं, इसलिए हम हैं। हम राष्ट्रवादी हैं क्योंकि हमने गुलामी के समय अंग्रेजों का साथ दिया था, गुलामी के समय ही मुसलमानों को अपना दुश्मन घोषित कर दिया था, हमने लोकतन्त्र को सिर्फ मजबूरी में अपनाया था, इसीलिए हम राष्ट्रवादी हैं।

अब वे महाराष्ट्र की सरकार को चूस खानेवाली एनरान की हिमायत कर रहे हैं, जनता की जेबें खाली करके उस अमेरिकी कम्पनी की जेबें भर रहे हैं, तो भी वे हैं तो राष्ट्रवादी ! वास्तव में हैं तो परराष्ट्रवादी मगर 'पर' लगाना भूल जाते हैं। ये कौड़ियों के भाव देश के कारखाने और देश के बड़े-बड़े संस्थान विदेशियों को बेच रहे हैं लेकिन सिर्फ ये ही हैं राष्ट्रवादी ! बेचना भी 'राष्ट्र की सेवा' करना है न ! परचूनिया राष्ट्रविरोधी नहीं होता तो बिचारे ये भाजपावाले राष्ट्रविरोधी कैसे हुए ? ये विश्व व्यापार संगठन को बुलाकर गरीब किसानों-खेत मजदूरों की रोजी-रोटी छीन रहे हैं, सौन्दर्यीकरण के नाम पर दिल्ली से लाखों-लाख मजदूरों को ठेल रहे हैं, मगर हैं राष्ट्रवादी ! इनके गुंडों की फौज किसी भी ईसाई स्कूल, किसी भी गिरजाघर में घुस जाती है, लेकिन हैं केवल ये ही राष्ट्रवादी ! ये अपने घुटने तक बदलवाने के लिए अमेरिका से यहाँ डॉक्टर बुलाते हैं, मगर हैं राष्ट्रवादी क्योंकि ये काली टोपी पहनते हैं और केसरिया ओढ़ते हैं। ये अनाज को गोदामों में सड़ने देते हैं, मगर गरीबों को नहीं देते, काम के बदले अनाज योजना शुरू नहीं करते मगर हैं ये पक्के राष्ट्रवादी। हाय-हाय रे तुम्हारा राष्ट्रवाद, इस पर मैं बलि-बलि जाऊँ। जरा बलैया ले लूँ तुम्हारे राष्ट्रवाद की, कहीं इसे किसी की नजर न लग जाए !

इनका काम दिल्ली की संसद से नहीं चलता, इसलिए ये धर्म संसद बनाते हैं, उसमें फैसले करते हैं मगर हैं ये राष्ट्रवादी। धमकी और चेतावनी के अलावा इनके मुँह से कोई शब्द नहीं निकलता, मगर हैं ये राष्ट्रवादी। कहते हैं कि हम अयोध्या में मन्दिर

बनाने के लिए मुसलमानों से 'समझौता' करेंगे ! किस बात का 'समझौता' करेंगे ? वहाँ उसी जगह मन्दिर बनाने का ? शर्तें इनकी होंगी 'समझौता' मुसलमान करेंगे मगर हैं ये 'राष्ट्रवादी'। साधुओं का साम्प्रदायीकरण करेंगे, फिर भी हैं ये राष्ट्रवादी। इनके राष्ट्रवाद की महिमा अपरम्पार है, ऐसी अपरम्पार कि कही न जाए, कहते जुबान जल जाए।

देश को ये बेच रहे हैं, किसानों को ये भूखा मार रहे हैं, मजदूरों को ये बेरोजगार कर रहे हैं, सड़क के किसी कोने में छोटी-मोटी चीजों को बेचनेवालों को ये बर्बाद कर रहे हैं, धर्म के आधार पर देश को ये बाँट रहे हैं, विदेशियों के पैर पानी से धोकर चरणामृत की तरह पी रहे हैं, गुंडों-बदमाशों-बलात्कारियों-माफियाओं को मन्त्री बनाकर उन्हें सम्मानित कर रहे हैं, चुनाव में पैसे और जाति का खेल खेल रहे हैं...बीसवीं सदी में जितने भी धतकरम 'विकसित' हुए हैं, उनका इक्कीसवीं सदी में आगे विकास करने में ये लगे हुए हैं, मगर हैं ये राष्ट्रवादी !

किस बात के राष्ट्रवादी हैं ये ? क्या इनका लेना-देना है राष्ट्रवाद से ? इतने 'राष्ट्रवादी' तो अंग्रेज भी थे, जिन्होंने देश का कपड़ा उद्योग बर्बाद कर दिया था। इनसे ज्यादा 'राष्ट्रवादी' तो जयचन्द था और क्या ये भी बताना पड़ेगा कि कैसे ? ये राष्ट्रवादी हैं तो फिर 'एनरान' भी राष्ट्रवादी है क्योंकि वह चाहे हमें लूट ले मगर बिजली तो बना रही थी ! इनसे ज्यादा राष्ट्रवादी तो विश्व बैंक और अन्तर्राष्ट्रीय मुद्राकोष हैं, जो कभी-कभी, गलती से ही सही, कहते तो हैं कि कृपया वाजपेयीजी अपने देश के गरीबों का भी कुछ ख्याल रखो; उन्हें दीवार की तरफ इतना मत ठेल दो कि पलटकर वे वार कर दें।

इनका राष्ट्रवाद ध्वज प्रणाम में है। इनका राष्ट्रवाद खाकी निक्कर और काली टोपी पहनने में है। इनका राष्ट्रवाद भगवे रंग की ध्वजा में है। इनका राष्ट्रवाद स्वदेशी के माला जाप में है। कहाँ हो भैया स्वदेशी जागरण मंच वालो, कहाँ हो ? थक गए लड़ते-लड़ते, आराम कर रहे हो क्या ? देश लुट रहा है, इसलिए तुम्हें आराम की सख्त जरूरत होगी इस वक्त। शायद आप मन्दिर बनाने में व्यस्त हो गए होंगे। उत्तर प्रदेश में चुनाव है न ! इसलिए 'स्वदेशी' से क्या मिलने वाला है ? कोई बात नहीं भैया, आराम करो, आराम बड़ी चीज है मुँह ढँक के सोइए। वैसे हो गजब, संघ परिवार के सदस्यगण तुम, स्वदेशी भी तुम्हारा, विदेशी भी तुम्हारा, हिन्दुत्व भी तुम्हारा, धर्मनिरपेक्षता भी तुम्हारी। हमारा तो कुछ नहीं है भैया क्योंकि 'राष्ट्रवादी' तुम हो न ! हो न भैया ? बोलते क्यों नहीं ? अरे चुप क्यों हो गए ?

वाह-वाह री बी जे पी !

वाह-वाह री बी जे पी, धन्य है तू। धन्य है तेरी जननी आर.एस.एस ! धन्य हैं तेरे नरेन्द्र मोदी जैसे मुख्यमन्त्री और धन्य हैं तेरे लालकृष्ण आडवाणी जैसे उप-प्रधानमन्त्री, जो—गृहमन्त्रालय का कामकाज देखते हुए—गुजरात को साम्प्रदायिकता की भयानकतम आग में झोंक देते हैं और इस बात को सुनिश्चित करते हैं कि हजारों लोगों की हत्या के दाग जिस मुख्यमन्त्री की कमीज पर है, वह हटे नहीं, बना रहे। वह हत्याएँ करवाने पर गौरव करते हुए यात्राएँ निकाले और उसमें मुसलमानों को सबक सिखाने की बातें कहे।

धन्य है बी जे पी, तू धन्य है। तू है तो अमेरिका और पाकिस्तान को भारत के टुकड़े कराने की क्या चिन्ता ! अमेरिका और पाकिस्तान तो मनाते हैं कि बी. जे. पी. बनी रहे, आडवाणी बने रहें, नरेन्द्र मोदी मुख्यमन्त्री रहे तो वे सारे काम अपने आप हो जाएँगे, जो वे षड्यन्त्र करके करना चाहते हैं। वे जम्मू-कश्मीर के टुकड़े करवाना चाहते हैं, कश्मीर को भारत से अलग करवाना चाहते हैं और आर.एस.एस. इसके लिए तैयार है, क्योंकि वह सबसे बड़ी 'राष्ट्रभक्त' संस्था है। वह खुद चाहती है कि कश्मीर को भारत से अलग कर दो। पहले कश्मीर घाटी को अलग राज्य बना दो। फिर इसे जो चाहे, उसे ले लेने दो। तो सबसे पहले जिसे भारत का मुकुट कहा जाता है, उसे सिर समेत काटकर फेंक दो।

अमेरिका को इतना बड़ा देश नहीं सुहाता। उसे लगता है कि पता नहीं कब यह एशिया की महाशक्ति बन जाए ! चीन तो है ही, भारत भी एक और सिरदर्द बन जाए ! लेकिन भारत को तोड़ना आसान है क्या ? पिछले 55 सालों में कश्मीर से कन्याकुमारी तक एकता के इतने पुल बने हैं कि उन्हें बमों के धमाकों से तोड़ना आसान नहीं। लेकिन भाजपा जैसी राष्ट्रवादी पार्टी हो जहाँ, वहाँ मजबूत से मजबूत एकता को तोड़ना भी क्या मुश्किल है ! एक मौका मिला इन्हें, हत्याकांडों का सर्जक मुख्यमन्त्री मिला इन्हें और इन्होंने हजारों सालों की हिन्दू-मुस्लिम एकता की परम्परा को नष्ट कर डाला। जिन आदिवासियों को भोला मानकर हमारा मीडिया चित्रित करता था, उन्हें हत्या करवाने में सबसे आगे कर दिया ! करीब दो हजार मुस्लिम-हत्याओं से भी इस मुख्यमन्त्री का पेट नहीं भरा है, रक्तपिपासा शान्त नहीं हुई है और अब वह 'गौरव यात्रा' पर निकला है, मुसलमानों के खिलाफ फिर से जहर उगल रहा है, उन्हें धमका रहा है।

उधर विश्व हिन्दू परिषद का अन्तर्राष्ट्रीय महासचिव अशोक सिंघल पूरे भारत को गुजरात बनाने की धमकियाँ दे रहा है, तो भारत का एक और विभाजन कराने के लिए अमेरिका को षड्यन्त्र करने की जरूरत क्या ? बी जे पी-विहिप को पालो, आगे बढ़ाओ, पैसा दो, इनके 'राष्ट्रवाद' को समर्थन दो, 'स्वदेशी' को आगे बढ़ाओ, ये अमेरिका के षड्यन्त्र को राष्ट्रभक्ति की भाषा से साकार करते रहेंगे, मुशर्रफ की मुश्किलें आसान करते रहेंगे। जब अमेरिका के बी जे पी और वी एच पी जैसे दोस्त हों, तो भारत को और दुश्मनों की जरूरत भी क्या है ?

धन्य-धन्य बी जे पी। धन्य-धन्य तेरा हिन्दू राष्ट्र। वह मुसलमानों, ईसाइयों के खून से सींचा जाएगा, उसके लिए आडवाणियों को उप-प्रधानमन्त्री और मोदियों को मुख्यमन्त्री बनाया जाएगा, सुदर्शनों और सिंघलों को प्रेरणा-पुरुष बनाया जाएगा। धन्य-धन्य है बीजेपी तुझे अब अटल जैसे मुखौटों की जरूरत नहीं। अब तो मुखड़ा दिखाने का मौसम आ चुका है। अब अटल का नहीं, आडवाणी का मौसम आ चुका है। अब प्रेस को खुले आम धमकाने का मौसम आ चुका है। जब पूरा एनडीए भाजपा के इशारे पर नाच रहा है, तब किसका डर और कैसा डर ? किसका मुखौटा और कैसा मुखौटा ?

अंग्रेजों के बारे में कहा जाता है कि वे बाँटो और राज करो की नीति पर चलते थे। लेकिन वे इन बी जे पी वालों से बेहतर थे, क्योंकि वे कम से कम 'राज' तो करना चाहते थे। लेकिन इन्हें तो राज मिला है जोड़-तोड़ करके, तोड़-फोड़ करके मगर फिर भी ये राज करना नहीं चाहते। गली के गुंडे को भी म्युनिसिपल कौंसिलर बना दो, तो वह कम से कम अपने मोहल्ले में गुंडागर्दी नहीं होने देता, शान्ति-व्यवस्था बिगड़ने नहीं देता। लेकिन यहाँ नरेन्द्र मोदी को मुख्यमन्त्री बनाया है और वह मुख्यमन्त्री बनते ही सबसे पहला और बड़ा काम यह करता है कि आजाद भारत का सबसे बड़ा हत्याकांड अपने प्रदेश में रचता है। वह 'राज' इस तरह चलाता है कि 72 घंटे तक हत्या करने, लूटपाट करने की एकदम खुली छूट देता है और इस छूट की अवधि को बढ़ाता जाता है। ये सरकार में रहते हैं तो मस्जिद गिराते हैं, ये सरकार में रहते हैं तो हत्याकांड करवाते हैं। ये इस तरह से 'राज' करते हैं। ये इस तरह राष्ट्रभक्ति करते हैं।

इन्होंने तो गली के गुंडों को भी शर्मिन्दा कर दिया है। उनकी संस्कृति को भी आईना दिखा दिया है। लेकिन विडंबना यह है कि 'राष्ट्रवादी' भी ये ही हैं, 'चरित्र' की बातें करनेवाले भी ये ही हैं, भारतीय संस्कृति का गाना गानेवाले भी ये ही हैं, गांधी की हत्या करके उनकी भक्ति करनेवाले भी ये ही हैं, आजादी की लड़ाई के दौरान अंग्रेजों का साथ देकर आज सबसे बड़े राष्ट्रभक्त भी ये ही हैं। एमर्जेंसी में काँग्रेस की सरकार के आगे घुटने टेककर भी एमर्जेंसी से लड़नेवाले भी यही हैं। इन जैसा बेशर्म, बेहया, झूठा कोई पैदा नहीं हुआ और ये कहते हैं, "हमसे बड़ा कोई हिन्दू आज तक पैदा नहीं हुआ।" क्या कहने इनके !

सावधान, साम्प्रदायिकता चालू आहे!

आ गया है, आ गया है, आ गया है। यू पी में आ गया है चुनावों का मौसम। गरीब सावधान, दलित होशियार, अब ये साम्प्रदायिक साधु-सन्त धर्मध्वजा फहराएँगे। पाँच साल तक हत्यारों-गुंडों-लम्पटों के साथ राज करेंगे, हर तरह का दुराचार-अनाचार करेंगे और जब अगले चुनावों में हारना सुनिश्चित हो जाएगा, तब उनके (अ)साधु-(अ)सन्त हिन्दू धर्म की ध्वजा लेकर फिर घूमने लगेंगे। हाय हिन्दू, हाय हमारी माँग, हाय गाय, हाय हम। मन्दिर का जाप करेंगे, हत्यारी यात्राएँ निकालेंगे, हिंसक शिलापूजन कराएँगे, हिन्दू धर्म पर खतरे की बात करके आँखें लाल करेंगे, मन्दिर वहीं बनाएँगे का स्थायी राग अलापेंगे।

इनके साथ वाजपेयीजी की भाषा बदलने लगेगी। धर्मनिरपेक्षता का मुखौटा उतारकर वे हिन्दू अस्मिता का अपना असली चेहरा दिखाने लगेंगे। लेकिन वाजपेयीजी से पहले आडवाणीजी की भाषा बदलेगी। और आडवाणी जी से भी पहले मुरली मनोहर जोशी की भाषा बदलेगी। उनसे भी पहले उमा भारती की भाषा बदलेगी। उमा भारती तो हो सकता है 'हिन्दू हित' में मन्त्रिपद का 'बलिदान' भी कर दें क्योंकि वह 'बलिदानी' हैं। राजनीति के लिए वे गोविन्दाचार्य से अपना प्रेम का तथा जीवन से सत्य का 'बलिदान' कर सकती हैं। वे 'बलिदानी' हैं, इसलिए 'भगवा' पहनती हैं।

इनकी भाषा बदलेगी, इनका 'चरित्र' भी बदलेगा। इनका रंग भी बदलेगा। इनके एन डी ए के सहयोगी देखते रहेंगे। भाजपा 'हिन्दू, हिन्दू' करेगी, ये 'धर्मनिरपेक्षता, धर्मनिरपेक्षता' करेंगे। फिर भी दोनों एकसाथ सुर से सुर मिलाकर गाएँगे। न इन 'धर्मनिरपेक्षों' को भाजपा से कोई दिक्कत होगी, न भाजपाइयों को इन 'धर्मनिरपेक्षों' से परेशानी होगी। इनकी 'धर्मनिरपेक्षता' उनके 'हिन्दुत्व' को मजबूत करेगी और उनका 'हिन्दुत्व' इनकी 'धर्मनिरपेक्षता' को बल प्रदान करेगा। ये मिलकर चुनाव के मैदान में आगे बढ़ेंगे। कभी शरद यादवजी भाजपा को दोमुँहा साँप कहते थे, अब उन्होंने दोमुँहे साँप के साथ जीना-रहना सीख लिया है। हिन्दुस्तानियों को साँपों के साथ रहने की 'कला' आती है। आपने कई बार अखबारों में पढ़ा होगा कि फलाँ आदमी ने साँपों के साथ रहने का विश्व रिकार्ड तोड़ा। लेकिन शरद यादव का रिकार्ड दुनिया में कोई और शायद ही तोड़ पाए। वे 'साँपों' के साथ कुछ दिनों नहीं कुछ वर्षों तक रहने की क्षमता रखते हैं।

तो यू पी में अब धर्म होगा, उसकी ध्वजा होगी। यू पी में ऐसा धर्म और ऐसी ध्वजा होगी जो दंगे भड़काएगी, हत्याएँ करवाएगी, जो साधारण लोगों का जीना हराम करेगी क्योंकि भाजपाइयों को अपने गुंडों-हत्यारों-माफियाओं के साथ उत्तर प्रदेश में फिर से शासन करना है, इसलिए साधु और सन्त कहे जानेवाले कुछ प्राणी उनके लिए धर्म की ध्वजा फहराएँगे। क्योंकि गुंडे हारनेवाले हैं, इसलिए हिन्दू धर्म 'खतरे' में पड़ जाएगा। क्योंकि माफिया सरदार चुनाव के मैदान में पिटनेवाले हैं, इसलिए राम मन्दिर का वहीं बनना अनिवार्य हो जाएगा, जहाँ कभी बाबरी मस्जिद थी और जिसे इन्हीं गुंडों-माफियाओं का राज लाने के लिए गिराया गया था। बाबरी मस्जिद गिरने के बाद यू पी की जनता को क्या मिला, उन्हीं का राज ! ये फिर राज करना चाहते हैं और हिन्दू धर्म के नाम पर माथे पर टीका लगानेवाले, जटाजूटधारी, भगवाधारी इन्हीं के लिए अपने धर्म की 'सेवाएँ' प्रदान करेंगे। वाह क्या युग है, क्या देश है, क्या साधु हैं, क्या यू पी है और क्या इनका धर्म है !

सावधान यू पी की जनता, सावधान दलित-अल्पसंख्यक, सावधान वे भी जो अपने को सच्चा हिन्दू मानते हैं। सावधान कि ये हत्यारों को गद्दी पर फिर से बिठाने के लिए धर्म का इस्तेमाल करेंगे, मन्दिर का उपयोग करेंगे। इनके मुँह खून लग चुका है। इन्हें शहरों, गाँवों, कस्बों और पूरी यू पी से खदेड़ो। ये यू पी से गए तो समझो देश से भी गए। ये यू पी की गंगा-जमुनी संस्कृति में विश्वास नहीं रखते। ये सूर, कबीर और तुलसी में विश्वास नहीं रखते। ये विश्वास रखते हैं हिंसा में, खून में, हत्या में। इनका भरोसा है गुंडों में, माफियाओं में, साम्प्रदायिकों में। इन्हें बताना होगा कि काठ की हाँडी बार-बार नहीं चढ़ती, कि वह जल चुकी है, कि अब उसमें कुछ भी पक नहीं सकता।

साम्प्रदायिकता फैलाने का शौक

अपने-अपने शौक होते हैं, उन्हें साम्प्रदायिकता फैलाने का शौक था। वे जहाँ जाते गर्जीला-भड़कीला भाषण देते और उनके स्वयंसेवक तत्काल बाकी कामों में जुट जाते। कई बार उनके भाषण के खत्म होते ही या उसके ठीक बाद दंगे भड़क जाते और वे मुस्कराते-गुनगुनाते उसी शहर में आराम फरमाते और हेडक्वार्टर को अपनी सफलता की रिपोर्ट टेलीफोन, फैक्स और ई-मेल से भेजते। कई बार दुर्भाग्य से ऐसा भी होता कि उनका विरोधी पक्ष उनके इरादे जानकर उनसे पहले ही सक्रिय हो जाता और उन्हें भाषण देते-देते ही भागना पड़ जाता मगर अब तक उनका कुछ नहीं बिगड़ा था।

उस दिन भी उन्हें भागना पड़ गया और इतनी तेज भागना पड़ गया कि उनकी धोती उनके पैरों में फँस गई और इस बार वे गिरते-गिरते नहीं बचे, बल्कि गिर पड़े। चूँकि जीवन-मरण का प्रश्न था, इसलिए उन्होंने आगा सोचा न पीछा और फटाफट धोती खोल दी, ताकि वह आगे बाधक न बने तथा वे फिर से भागने लगे।

आगे गहरा गड्ढा था। उसमें वे गिर गए और उनका कुर्ता कीचड़ से लथपथ होकर इस कदर भारी और चिपचिपा हो गया कि उन्होंने उसे भी वहीं फेंका और गिरते-लड़खड़ाते फिर से भागने लगे।

आगे एक जगह पर दोनों पक्षों के दंगाई आमने-सामने थे। उन्हें अपनी ओर भागकर आता मुर्गा दिखा तो उसकी ओर लपके। एक ने कहा कि यह हिन्दू है, इसलिए हम इसे मारेंगे, दूसरे ने कहा कि नहीं यह मुसलमान है, हम इसे मारेंगे, हालाँकि वह दोनों के सामने जान की खैर माँगते हुए गिड़गिड़ा रहा था और कभी घबराकर कहता था कि मैं हिन्दू हूँ और कभी कहता था कि मुसलमान हूँ।

बहरहाल दोनों पक्षों ने परस्पर सहमति से तय किया कि दोनों अब से ठीक तीस सेकण्ड बाद इस पर एक साथ वार करेंगे और चाहे जिसके हथियार से उसकी जान जाए, इसका श्रेय लेने के लिए आपस में नहीं झगड़ेंगे, क्योंकि इस चक्कर में हम अपना आज का मुख्य लक्ष्य—जो कि ज्यादा से ज्यादा लोगों को मारना है—मिस नहीं कर सकते। हम मुर्दे को यहीं छोड़कर आगे बढ़ जाएँगे और कोई उसकी लाश पर भी अपना-अपना दावा नहीं करेगा।

चूँकि मामला सद्भावनापूर्वक तय हुआ था, इसलिए लाश वहीं पड़ी रही और चील-कौवों के साथ गिद्ध उसे खा गए।

गौभक्त-गाय संवाद

—माँ

—क्या है मेरे बछड़े। अभी तो तुझे दूध पिलाया। फिर आ गया तू। मेरे थनों में इतना दूध नहीं। खाने को तो कुछ मिलता नहीं।

—नहीं माँ, मैं तो हूँ तेरा भक्त।

—न मेरा मन्दिर, न मेरा कोई आश्रम, तो ये मेरा भक्त कहाँ से आ गया ! फिर भी तू बोल।

—माँ मैं तेरी रक्षा करना चाहता हूँ।

—मतलब तू मेरे आगे-पीच्छे ए. के. 47 लेकर घूमणा चात्ता है। ना, बाबा, ना। इसकी मैं इजाजत नहीं दे सकती। इससे मुझे कूड़े-कचरे में से सड़ा-गला खाना बीनने में परेशानी हो जाएगी। मैं ना मानती तेरी बात। वैसे छोरे तेरे को अच्छा लगेगा कि मैं तो सड़क पर इधर मुँह मारती फिरूँ, मार खाती जाऊँ और उधर तू मेरी रक्षा के लिए मेरे पीच्छे-पीच्छे ए. के.-47 लेकर घूमता रहे ?

—माँ मान जा न मुझे सिर्फ एक अवसर दे तेरी रक्षा करने का। फिर देखना किसी की मजाल जो तुझे जरा-सा छू भी ले।

—अरे मैं तुम्हारी कोई बहू-बेटी हूँ, मुझे तो कोई छुए, सहलाए, तो रामकसम बड़ा अच्छा लगे है रे ! लगे है कि कोई अपना आ गया। जहाँ तक रक्षा की बात है तो तुम गौभक्तों से वैसे ही लोग इतने ज्यादा डरे रहते हैं कि मैं ठाठ से बीच सड़क पर पसरकर बैठती हूँ तो ट्रकवाले भी ब्रेक लगाकर मेरी रक्षा पहले करते हैं, अपनी बाद में। इतनी अच्छी किस्मत है मेरी।

—नहीं माँ तू मजाक मत किया कर। तेरी रक्षा बहुत जरूरी है।

—मगर किससे करेगा मेरी रक्षा ? करना ही चाहता है कुछ तो रक्षा कर हम गायों की प्लास्टिक की थैलियों से जिन्हें खाने-पीने की सड़ी-गली चीजों के साथ हम खा जाती हैं और खा-खाकर जल्दी मर जाती हैं।

—माँ मैं तेरी रक्षा करने आया हूँ, तुझे प्लास्टिक की थैलियों से बचाने नहीं। तुझे अगर प्लास्टिक की थैलियों से बचने की भी तमीज नहीं है तो मैं क्या कर सकता हूँ ? इतना तो तुझे खुद ही सीखना पड़ेगा माँ। देख मैं तो खाने के साथ प्लास्टिक नहीं खाता। बेटे को तमीज है तो माँ को क्यों नहीं ?

--तेरी और मेरी हालत में बड़ा फरक है रे। तू ठहरा गौभक्त और मैं हूँ सिरफ गाय।

—अच्छा चल तू छोड़ इन फालतू बातों को, मुझे हरिजनों और मुसलमानों से तेरी रक्षा करने दे।

—ये कौण होते हैं भाई ? मैं तो मुझे कभी-कभी रोट्‌टी देनेवाले तक को नहीं जानती, इन्हें कैसे जानूँगी ? तूने रोट्‌टी दी, मैंने खा ली. बात खत्म। कुछ लाया है साथ या सिरफ बात्तें बनाने आया है ?

—माँ तू भोली है। तू कुच्छ न जाणती। तेरी जान खतरे में है और तू खाने की रट लगा रही है।

—इसका मतलब तू कुछ ना खिलाणेपिलाणेवाला। और जहाँ तक बात है न मेरी जान पे खतरे कि तो छोरे मुझे तो आज तक किसी ने ना मारा। हाँ डंडे जरूर खाए हैं मैंने, मगर इससे तो तेरे को एतराज ना होगा। तू छोरा ऐसा कर, ये रक्षा-फक्षा तो छोड़, मुझे ढंग से चारा-शारा खिलवा दिया कर। और सुण मैं जब दूध देना बन्द कर दूँ तो मुझे छुट्‌टा मत छोड़ा कर। मानेगा मेरी बात ? प्रामिस !

—इसके लिए माँ हमने पहले ही गौशाला खोल रक्खी है।

—देख छोरे तू गौशाला की बात तो मुझसे किया मत कर। मैं कुछ बोलूँगी तो तुझे बुरा लग जाएगा। गौशाला से तो ये सड़क ही अच्छी। मैं समझ गई तेरे से कुछ होने-हवाने का नहीं। तू तो इतनी किरपा कर कि मेरा रस्ता छोड़ दे तो जरा वरना मेरी भूख से भी रक्षा नहीं हो पाएगी और मैं मर जाऊँगी।

साहब मुझे गाय बनवा दो

'साहब !'

'हाँ, बोलो रामू !'

'क्या मैं गाय बन सकता हूँ ?'

'यह तुम क्या हमेशा बेवकूफों जैसी बातें करते रहते हो। अभी विज्ञान ने इतनी 'प्रगति' नहीं की है कि वह आदमी को गाय बना दे। अच्छी-भली नौकरी कर रहे हो, गाय बनकर आवारागर्दी करना, मार खाना, भूखे रहना, प्लास्टिक चबाना क्यों चाहते हो ? दिमाग तो ठीक है तुम्हारा ?'

'बिल्कुल ठीक है साहब। बल्कि पहले से भी ज्यादा ठीक है तभी तो कह रहा हूँ कि काश मैं गाय बन सकता। सरकार एक कानून बनाने जा रही है जिसके बाद गाय को मारने पर पाँच साल की सजा होगी। गाय को जो मामूली चोट लगाएगा, उसे पाँच हजार का जुर्माना देना होगा। गाय का मांस बेचने पर तीन महीने की सजा होगी। और कोई गाय अब न भूखी मरेगी, न मार खाएगी, न प्लास्टिक खाएगी क्योंकि सरकार गायों को संरक्षण देगी।'

'तो इसलिए तुम गाय बनना चाहते हो ?'

'हाँ साहब कानून पास होने से पहले ही बनना चाहता हूँ वरना लोग कहेंगे कि अवसरवादी है। गाय के 'फेवर' में कानून बन गया तो आदमी से गाय बन गया वरना चालीस साल से आदमी बना हुआ था।'

'मगर इस कानून की वजह से कोई गाय बनना चाहे, यह बात मेरी समझ में नहीं आती।'

'माफ करना साहब, बहुत सी बातें जो अफसरों को समझ में नहीं आतीं, हमें आ जाती हैं। अरे जो सुविधा गाय को होगी, वह आदमी को अगले सौ सालों में भी नहीं मिलेगी। गाय के रूप में मुझे कोई मार जाएगा तो यह सन्तोष तो होगा कि उसे पाँच साल की सजा जरूर मिलेगी। इधर आदमी रहते किसी पागल ने मुझे मार दिया तो न तो उसे सजा मिलेगी और न मेरे घर के लोगों को मुआवजा। और साहब पिछले ही दिनों की बात है, एक कारवाले ने मुझे टक्कर मारी। मैं दर्द से कराहने लगा तो वह कार से निकला और दो झापड़ उसने मारे। कहा ''साले अन्धा है क्या ? तेरे को सामने से आती कार नहीं दीखती ?'' किसी ने नहीं बचाया मुझे। और साहब शरीर से थक

गया तो न बेटे-बेटी घर बैठे खाने को देंगे, न सरकार कुछ देगी। गाय बन गए तो भरपेट नहीं अधपेट घास तो मिलेगी। मैं आपके हाथ-पैर जोड़ता हूँ साहब। मुझे किसी तरह गाय जरूर बनवा दीजिए। आपकी इतनी सेवा की है। कुछ तो बदले में कीजिए।'

मैं ही नहीं, मेरे घर के तमाम सदस्य रामू को समझा चुके हैं कि वह आदमी से गाय नहीं बन सकता लेकिन वह मानता नहीं। उसने कहा–'अच्छा सर मुझे अच्छी नस्ल का कुत्ता ही बनवा दीजिए। मेरी इज्जत तो ज्यादा होगी। मरूँगा तो आप भी रोएँगे और बीवीजी भी और कहीं इज्जत से दफनवा भी देंगे। आदमी की तरह मर गया साहब तो आप समेत कोई नहीं पूछेगा। कफन भी मिलेगा या नहीं, मुझे नहीं मालूम।'

वह रो रहा है। आसपास के लोग समझ रहे हैं कि शायद मैंने उसे पीटा हो लेकिन वे समझदार हैं। फिर भी पुलिस को फोन नहीं करेंगे क्योंकि मैं भी तो ऐसे मौकों पर पुलिस नहीं बुलाता हूँ।

तात ! हम पिट क्यों रहे हैं ?

—तात।

—हाँ वत्स।

—ये क्या हो रहा है तात—वह भी इस देश में, हिन्दूस्थान में !

—क्या हो रहा है वत्स, मुझे इशारे में बातें समझ में नहीं आतीं। इशारे समझने की उम्र मेरी चली गई। सब कुछ साफ-साफ बताओ।

—कभी प्रवीण भाई तोगड़िया को अशोक गहलोत गिरफ्तार कर लेता है, कभी लालू प्रसाद यादव उसे हवाई अड्डे से ही रवाना कर देता है। हम मन्दिर बनाने के लिए लखनऊ में भीड़ जुटाना चाहते हैं, तो भीड़ नहीं जुटती। अयोध्या में संकल्प सभा करना चाहते हैं, तो हमारी योजना टाँय-टाँय फिस्स हो जाती है। क्या यही दिन देखने थे हमें ? वो भी इतनी जल्दी ?

—कुछ नहीं वत्स। घबराओ मत। यह लोकतन्त्र-लोकतन्त्र हो रहा है।

—समझाएँ तात, यह लोकतन्त्र-लोकतन्त्र होना क्या होता है ?

—इसमें ऐसा होता है कि जब उनकी सरकार होती है, तो वे हमें रोकने की कोशिश करते हैं और जब हमारी सरकार होती है तो कोई रोक-टोक नहीं होती। जैसे गुजरात में नहीं हुई थी, आज भी नहीं है। तो वत्स एक दिन ऐसा आएगा जब मध्य प्रदेश, राजस्थान, बिहार, उत्तर प्रदेश यानी चतुर्दिक हमारी सरकारें होंगी और हमें कोई नहीं रोकेगा।

—तब हम क्या देश को गुजरात बना देंगे ?

—हाँ, बना देंगे।

—इतने नरेन्द्र मोदी हैं हमारे पास ?

—हाँ, हैं।

—विश्वास नहीं होता।

—नरेन्द्र मोदी ने जब तक साबित नहीं किया था कि वह नरेन्द्र मोदी है, तब तक किसे विश्वास था कि वह नरेन्द्र मोदी है ?

—हाँ ये बात तो ठीक है।

—तो वक्त का इन्तजार करो। सरस्वती शिशु मन्दिरों पर भरोसा करो। संघ की शाखाओं पर विश्वास रखो। झूठ बोलने की हमारी अकूत, अपरिमित तथा अनवरत

क्षमता को कम मत आँको। साधु जैसी मुस्कराहटवाले आडवाणीजी पर भरोसा रखो, जो राज्य स्तर के नरेन्द्र मोदियों की अच्छी पहचान रखते हैं। आखिर, गुजरात नरेन्द्र मोदी को उन्हीं ने भेजा था न और उनकी ही महती कृपा से वह आज तक बना हुआ है। अतः वत्स निराश मत होओ।

तात, अशोक सिंघल से लेकर प्रवीण तोगड़िया तक अटल बिहारी वाजपेयी को गाली देते हैं। उन्हें हिन्दू-विरोधी कहते हैं। ऐसा क्यों ?

—अटलजी को गाली देते हैं, यह भी एक स्ट्रेटेजी है। जिस तरह हम जिसे गोली से मार देते हैं, उसे भी वक्त-जरूरत राष्ट्रपिता मान लेते हैं, उसी तरह हम अपने अटलजी को गाली भी दे लेते हैं। वे हैं हमारे ही।

—तो तात मैं क्या करूँ ? मैं कनफ्यूज हूँ ! आप लोग लोकतन्त्र का टंटा ही क्यों मुका नहीं देते ?

—वही कर रहे हैं वत्स। लोकतन्त्र का यही सदुपयोग हम कर रहे हैं। यह भारत है। यहाँ सब कुछ धीरे-धीरे होता है। वैसे भी जो चीजें धीमी आँच में पकती हैं, बड़ी मजेदार होती हैं।

—कहीं हम खुद लोकतन्त्र की धीमी आँच में पककर लजीज व्यंजन बनकर रह गए तो !

—ऐसी निराशापूर्ण बातें मत सोचो वत्स ! यही सोच-सोचकर तो मुझे भी कई बार नींद नहीं आती है।

—सॉरी तात, आपको कष्ट हुआ। अब आप सो जाओ। मैं जागूँगा। मैं जागूँ, तुम सो जाओ।

—सोऊँगा नहीं। कहीं सोते-सोते ही हार्ट अटैक आ गया तो !

—तो क्या आप चाहते हैं कि आप को जागते हुए हार्ट अटैक आए ?

—वत्स तुम मेरा मजाक उड़ा रहे हो या... ?

—नहीं तात मैं ऐसी बात सपने में भी नहीं सोच सकता। हम लोग तो देश का मजाक उड़ाने की क्षमता रखते हैं, हम व्यक्तियों का मजाक क्यों उड़ाएँ ?

—ठीक कह रहे हो वत्स।

—जी तात ! चरणस्पर्श।

मैं प्रधानमन्त्री नहीं बनूँगा

वैसे तो बड़े-बड़े घामड़ और चीमड़ लाइन में लगे हैं, अपने से तो कोई पूछनेवाला भी नहीं, फिर भी चूँकि देवभापा संस्कृत में कहा गया है कि स्त्री के चरित्र और पुरुष के भाग्य का कुछ पता नहीं चलता और चूँकि मैं पुरुष हूँ, इसलिए अभी से यह स्पष्ट करना आवश्यक समझता हूँ कि चाहे धरती इधर से उधर हो जाए, चाहे आसमान फट जाए, मगर मैं देश का प्रधानमन्त्री नहीं बनूँगा ऐन मौके पर देश की जनता निराश न हो और देश के नेता हलकान न हों, इसलिए बताए देता हूँ कि मरते मर जाऊँगा, सूली पर चढ़ जाऊँगा, मगर देश का प्रधानमन्त्री नहीं बनूँगा, तो नहीं ही बनूँगा।

मौका आने पर चूँकि मुझसे जरूर पूछा जाएगा कि मैं प्रधानमन्त्री क्यों नहीं बनना चाहता और यह सवाल पूछ-पूछकर मुझे तंग कर दिया जाएगा, इसलिए मैं अभी से बताए देता हूँ कि वैसे तो मालेमुफ्त किसे बुरा लगता है और ढेरों मालाएँ गले में बेवजह पड़ें और अपनी जय-जयकार के नारों से आकाश हर मौसम में गूँजता रहे और आप मुस्कराते रहें, बार-बार हाथ हिलाते रहें, तो खुदा कसम किसे बुरा लगता है ! बार-बार कैमरे के सामने आना, तपाक से विदेशी अतिथि से हाथ मिलाना, हर घंटे बाद एक जोशीला भाषण देना, समय-समय पर राष्ट्र को अपने सन्देश से परेशान करना, विदेश यात्राओं पर जाना और मनपसन्द ढेरों मुफ्तखोरों को साथ ले जाना, बेटे-बेटियों, पोते-पोतियों, चाचा-ताउओं को जिन्दगी भर के लिए ठेकों आदि से उपकृत करना, भला किस इंसान को बुरा लगता है मगर फिर भी मैं कहे देता हूँ कि नहीं बनूँगा, नहीं बनूँगा, मैं इस देश का प्रधानमन्त्री, नहीं बनूँगा, क्योंकि बना तो विपक्ष कहेगा कि मैं बेईमान हूँ, जातिवादी हूँ, मैंने देश को अमेरीका के हाथों गिरवी रख दिया है और यह बात उस समय सौ प्रतिशत सच होगी, फिर भी सुनने में मुझे बुरी लगेगी, मेरा चेहरा लाल हो जाएगा और माथा गरम, इसलिए मैं देश का प्रधानमन्त्री नहीं बनूँगा।

चूँकि मैं अपनी आठ बरस की उमर से ही बाढ़ग्रस्त क्षेत्रों का हवाई सर्वेक्षण करने के प्रधानमन्त्रियों-मन्त्रियों आदि के शौक का मखौल उड़ाता रहा हूँ मगर मैं प्रधानमन्त्री बना तो यही करूँगा, इसलिए मैं प्रधानमन्त्री नहीं बनूँगा।

चूँकि समता और न्याय का मैं शुरू से ही पक्षधर रहा हूँ, मैंने इसके पक्ष में जमकर नारे लगाए हैं, खूब लिखा है, खूब भाषण दिए हैं और प्रधानमन्त्री बना तो भी मैं यही वायदा जनता से सबसे पहले करूँगा, मगर बहुराष्ट्रीय निगमों की सेवा में अपना पूरा

प्रधानमन्त्रित्वकाल अर्पित कर दूँगा, आर्थिक उदारीकरण की दिशा में पहले दिन से आखिरी दिन तक कदम बढ़ाता ही जाऊँगा, इसलिए मैं अपने देश का क्या किसी और देश की ओर से भी प्रस्ताव आने पर वहाँ का प्रधानमन्त्री भी नहीं बनूँगा।

मैं प्रधानमन्त्री बना तो मैं जिस रास्ते से जाऊँगा, वह रास्ता आम जनता के लिए बन्द कर दिया जाएगा और जो गुस्ताखी करेगा, उसकी टाँगें तोड़ दी जाएँगी, पुलिस वाले चप्पे-चप्पे पर मुझे मन-ही मन गाली देते हुए भी मुस्तैदी से खड़े रहेंगे, ब्लैक कैट कमांडो जनता के सीने पर पिस्तौल ताने मेरी सुरक्षा में घूमेंगे। मुझे इस बात से भले ही आज सख्त नफरत हो मगर प्रधानमन्त्री बना तो यही सब अच्छा लगेगा और इस सबके अभाव में मुझे लगेगा कि मैं प्रधानमन्त्री न बनूँ, तो हे देश की प्यारी जनता तुम इसका बुरा मत मानना। मुझे हैरान-परेशान न करना।

मैं इसलिए भी प्रधानमन्त्री नहीं बनूँगा क्योंकि रात में तो मैं दो बजे तक भी जाग सकता हूँ, मगर सुबह छह बजे उठकर तैयार नहीं हो सकता और उठने के बाद का वक्त मुझे अपनी तरह बिताना अच्छा लगता है, हबड़-तबड़ जरा भी अच्छी नहीं लगती, मगर खुदा न खास्ता प्रधानमन्त्री बन गया तो जल्दी उठना भी पड़ेगा और सुबह भी मेरी अपनी नहीं होगी। इसलिए मैं प्रधानमन्त्री नहीं बनूँगा और इसलिए भी नहीं बनूँगा कि न जाने किन-किन मूर्खों-धूर्तों-सूमड़ों, चापलूसों-सभ्य गुंडों-अर्द्धविक्षिप्तों को नाश्ते और खाने पर रोज बुलाना होगा, नाश्ते-खाने में छुरी-काँटे का इस्तेमाल करना होगा, रात्रि भोज के समय भाषण देना और सुनना पड़ेगा और यह मुझसे तब भी बर्दाश्त नहीं होता, जब मैं इसके बारे में सिर्फ अखबार में पढ़ता हूँ, इसलिए मैं प्रधानमन्त्री नहीं बनूँगा।

मैं प्रधानमन्त्री बन गया, तो घर में भगवान बुद्ध की मूर्ति तथा महात्मा गांधी का फोटू अवश्य रखना होगा और उनके सामने झूठ निरन्तर बोलना होगा और झूठ के सिवाय कुछ भी नहीं बोलना होगा और झूठ बोलने के लिए परिष्कृत हिन्दी तथा परिनिष्ठित अंग्रेजी का इस्तेमाल करना होगा, जिससे मेरे जबड़े दुख जाएँगे, अतः मैं देश का प्रधानमन्त्री नहीं बनूँगा।

इस समय जबकि मैं न देश का प्रधानमन्त्री हूँ, न मेरे बनने की दूर-दूर तक कोई 'आशंका' है, इसलिए मेरा कोई नया चाचा, ताऊ, भैया, भाँजा, भतीजा पैदा नहीं हुआ है, न होगा, लेकिन मान लो गलती से मैं प्रधानमन्त्री बन गया, तो देश और विदेश के कोने-कोने में मेरे रिश्तेदार पैदा हो जाएँगे और सब अपना-अपना मतलब गाँठने में लग जाएँगे, न जाने कहाँ से ज्योतिषी पधार जाएँगे और मेरी जन्मकुंडली में न जाने क्या-क्या बताने लग जाएँगे, न जाने कितने-कितने पंडे मेरे लिए यज्ञ और हवन करने लग जाएँगे, न जाने कितने-कितने वास्तुशास्त्री मेरा भला सोचने लग जाएँगे, गंडे-तावीज पहनाने के लिए न जाने कितने धार्मिक जन आतुर हो जाएँगे, इसलिए मैं सब बनूँगा मगर देश का प्रधानमन्त्री नहीं बनूँगा।

चूँकि मेरे नाम से एक ही दिन में सैकड़ों बधाई सन्देश और सैकड़ों शोक सन्देश जारी होंगे, जिनके बारे में मुझे भी कुछ पता न होगा, चूँकि भारत और विश्व की हर

समस्या पर मुझे अपने विचार प्रकट करने होंगे, जो कि मेरे न होकर सरकारी अफसरों और मेरे भाषण लिखनेवालों के होंगे, इसलिए मुझे माफ करना दोस्तो, मैं प्रधानमन्त्री नहीं बनूँगा।

चूँकि मैं तभी उदास लगता हूँ, जब मैं उदास होता हूँ और तभी खुश लगता हूँ, जब मैं खुश होता हूँ, मैं घंटों कुछ भी बकबकाने की बजाय घंटों चुप रहना पसन्द करता हूँ और लकदक रोशनी की बजाय घुप अँधेरे में रहना बर्दाश्त कर सकता हूँ, भीड़ से ज्यादा एकान्त, चमचों से ज्यादा चार मित्रों के बीच रहना मुझे पसन्द है, राजनीति करके किसी की टोपी उछालने से ज्यादा मुझे किताबें पढ़ना अधिक पसन्द है, मूर्ख वाचालों से ज्यादा समझदार मौनियों के प्रति मेरे मन में श्रद्धा है, मुझे कारों के काफिले से घिरे होने की बजाय पैदल घूमना पसन्द है, कांटिनेंटल भोजन की बजाय दाल-चावल पसन्द है, प्रधानमन्त्रियों और विदेश मन्त्रियों से ज्यादा किसी भी साधारण आदमी से बातें करना पसन्द है, इसलिए भाइयो मैं प्रधानमन्त्री बनकर भी क्या करूँगा ?

मुझे अच्छी तरह मालूम है कि मुझमें इस देश का प्रधानमन्त्री न बनने की ये और तमाम अन्य अक्षमताएँ मौजूद हैं, इसलिए कोई सपने में भी मुझसे नहीं कहेगा कि इस शख्स को प्रधानमन्त्री बनाओगे, तभी यह हमारा भारत देश बचेगा, फिर भी चूँकि मैं इस देश का एक नागरिक हूँ और हर नागरिक की तरह इस देश का प्रधानमन्त्री बनने का सैद्धान्तिक अधिकार मुझे हासिल है—जिसे तमाम चीमड़ों, घामड़ों, घमंडियों, उठाईगीरों, दलालों ने हथिया रखा है—अतः अपनी स्थिति अभी से स्पष्ट कर दी है, ताकि कल कोई यह न कहे कि मैं जिम्मेदारी से बच रहा हूँ। वैसे अगर जिम्मेदारी डाल ही दी गई तो मैं बेचारा भी क्या कर पाऊँगा ? जनतन्त्र में तो जनता ही सर्वोपरि होती है, फिर देश के हित के आगे व्यक्ति का हित देखना भारतीय परम्परा नहीं है।

नया घुटना है

देश की जनता तुझे मुबारक कि उन्हें नया घुटना लग चुका है।

अभी वे नए घुटने के बल चलना सीख रहे हैं। जल्दी ही वह दिन भी आएगा, जब वे चलने लगेंगे। उनका पहला कदम सब्सीडी को और घटाने की दिशा में होगा, ताकि गरीबी और बढ़ सके। दूसरा कदम वे महँगाई को बढ़ाने के लिए बढ़ाएँगे, ताकि गरीब, उदारीकरण के रास्ते से कुछ और दूर हटे ! तीसरा कदम बढ़ाकर वे सार्वजनिक क्षेत्र के कुछ और कारखानों को बेच देंगे, ताकि कुछ लाख लोग और बेरोजगार हो जाएँ, आत्महत्या की तरफ बढ़ें। चौथे कदम में वे आर्थिक उदारीकरण के दूसरे चरण की ओर बढ़ते हुए आयातों की एक नई लिस्ट जारी कर देंगे, ताकि रहे-सहे लघु उद्योग भी बन्द हो जाएँ। लोगों का हाहाकार जितना बढ़ता जाएगा, उनका घुटना उतना ही सुदृढ़ होता जाएगा। घुटना विदेशी है, विदेशी में भी विशुद्ध अमेरिकी है, इसलिए वह दिनों-दिन मजबूत और मजबूत ही होता जाएगा।

वे कदम-कदम बढ़ाते जाएँगे, खुशी के गीत गाते जाएँगे, नए घुटने के दम पर अचानक दौड़ने लग जाएँगे। अभी तो आए हैं, मगर दौड़ते-दौड़ते फिर से वाशिंगटन चले जाएँगे। अमेरीका अब उनके लिए घर सरीखा है। रास्ते में पेरिस पड़ता है, बर्लिन पड़ता है, लन्दन पड़ता है। रास्ते में नागपुर नहीं पड़ता, मगर जब वे दिल्ली आएँगे, तो वाशिंगटन को नागपुर से मिलाते हुए ही आएँगे, यही तो उनकी महान् उपलब्धि है।

घुटना नया है, तो उत्साह भी नया होगा। देश पुराना है तो क्या हुआ ? जरूरत पड़ी तो उसको भी नया घुटना लगवा देंगे। देश का निर्माण-पुनर्निर्माण आदि भी तो आखिर उन्हीं की जिम्मेदारी है। अमेरिका है, बुश है तो फिर परेशानी क्या है ? डॉक्टर भी तो वहाँ है, आई.एम.एफ., वर्ल्ड बैंक से कोई न कोई आ जाएगा। डॉ. राणावत की तरह भारतीय माँगोगे, तो वह आ जाएगा। वैसे भी यशवत सिन्हा हैं न। मनमोहन सिंह भी हैं। चिदम्बरम भी हैं। सब उन्हीं के हैं।

उनका एक घुटना नया है, मगर दूसरा पुराना है। एक में उत्साह है मगर दूसरा समस्याग्रस्त है। नया कहेगा कि जनाब अब उम्र से मत घबराइए, मैं हूँ न, दौड़िए। दूसरा कहेगा ज्यादा बोलता है। अमाँ आप तो धीरे-धीरे चलिए जैसे पहले चलते थे। पहला नहीं मानेगा क्योंकि वह नया है, उत्साही लाल है। दूसरा चूँकि पुराना है, पहले का साथ नहीं दे पाएगा। एक तेज चलेगा, दूसरा खरामाँ-खरामाँ और वे फिर से लड़खड़ाएँगे। वे

फिर से गिरते-गिरते बचेंगे। लाल किले से सिंहनाद करेंगे और उससे उतरकर सीधे अमेरिका चले जाएँगे, अब पुराने घुटने का परीक्षण करवाएँगे। नया घुटना लगवाने की सलाह लेकर आएँगे। उनके पीछे-पीछे डॉक्टर आएगा। उन्हें नया घुटना लगाएगा। भक्तगण फिर महाआरती करवाएँगे, महायज्ञ करवाएँगे। कोई उनके घुटने के सफल ऑपरेशन के लिए वैष्णोदेवी दौड़ेगा, तो कोई तिरुपति बालाजी। शुभकामना सन्देश आएँगे। बुके आएँगे। इस तरह उनके दोनों घुटने बदल जाएँगे।

फिर ये 21 वीं सदी है। वे ऐसे दौड़ेंगे—ऐसे दौड़ेंगे कि उनके गृहमन्त्री कहेंगे कि जरा धीरे दौड़ो सजन, जरा स्वदेशी का भी खयाल रखो, जरा हिन्दुत्व की परवाह करो, पहले मन्दिर तो बनवा लो मगर वे नहीं सुनेंगे। वे दौड़ पड़े तो बेचारे मन्त्री क्या करेंगे, पीछे-पीछे वे भी दौड़ेंगे ही। सामूहिक दायित्व का प्रश्न है न। उनके घुटने पुराने हों, सड़े-गले हों, तो क्या हुआ, दौड़ना तो पड़ेगा। उनके पीछे-पीछे फाइल लिए-लिए अफसर भी दौड़ेंगे। अफसरों के पीछे क्लर्कों को भी दौड़ना पड़ेगा। क्लर्क दौड़ेंगे तो नौकरी बचाने के लिए चपरासियों को भी दौड़ना पड़ेगा। उनके पीछे चमचों का नम्बर आएगा। वे दौड़ेंगे। चमचों के पीछे चमचों के चमचे होंगे। चमचों के चमचों के पीछे उनके चमचे दौड़ेंगे।

वे दौड़ेंगे, तो विकास दर अपने आप बढ़ जाएगी। उत्पादन हो न हो, सट्टेबाजी तो होनी है, इसलिए विकास दर का बढ़ना सुनिश्चित है। विकास दर बढ़ेगी, तो प्रत्यक्ष विदेशी निवेश बढ़ जाएगा। कारें और हो जाएँगी, फ्रिज और हो जाएँगे, एयरकंडीशनरों की तादाद में अभूतपूर्व वृद्धि हो जाएगी। इस तरह देश आगे बढ़ जाएगा, अमेरिका के कुछ और करीब आ जाएगा। अभी तक दिमाग मिले हैं, दिल भी मिलने लगेंगे। हम तीसरी दुनिया से एकदम पहली दुनिया में आ जाएँगे। नए घुटने अपना कमाल दिखाएँगे, क्योंकि दूसरों के घुटने तब तक टूट जाएँगे।

जय हो राणावत जी, धन्यवाद आपका आपने अच्छी शुरुआत की है। देश को फिर से पटरी पर ला दिया है। भारत और अमेरिका के बीच आपने ऐसे पुल का निर्माण कर दिया है, जो न भ्रष्टाचार से रुकेगा, न गरीबी से और न भुखमरी से। दरक भी गया तो क्या, वे हवाई जहाज से अमेरिका चले जाएँगे !

भूख, कवि और प्रधानमन्त्री

आदमी न कवि हो, न प्रधानमन्त्री, तो ऐसा ही होता है। मेरा मतलब है कि प्रधानमन्त्री अपने को कवि समझता हो और वह न कवि हो और न प्रधानमन्त्री, तो ऐसा ही होता है।

कैसा होता है ? ऐसा होता है कि उसे भूख से मरनेवाले भी भूख से मरते हुए दिखाई नहीं देते और जो भूख से मरनेवालों को भूख से मरनेवालों की तरह देखते हैं, वे झूठा प्रचार करते हुए दिखाई देते हैं। देश की छवि को विदेश में बिगाड़नेवाले दिखाई देते हैं। जो कवि भी नहीं होता और प्रधानमन्त्री भी नहीं होता, उसे भूख से मरनेवालों के पास अनाज दिखाई देता है और बैंक बैलेंस भी।

मसलन अगर अटलजी कवि होते—जो इस देश के सौभाग्य से कोई संघी कभी नहीं हो सकता—तो भूख से मरनेवालों की खबरें सुनकर अपने घर में बैठे नहीं रहते। वे उड़ीसा जाते, खुद देखते और जो देखते, अपनी आँखों से देखते, नवीन पटनायक की आँखों से नहीं, निर्दयी-भ्रष्ट अधिकारियों की आँखों से नहीं, तो उन्हें भूख साफ दिखाई देती, भूखे लोग दिखाई देते और उन्हें शर्म भी आती कि ऐसे देश का प्रधानमन्त्री आखिर मैं क्यों हूँ और हूँ तो फिर क्या कर रहा हूँ ? मैं तो कभी अमेरिका, कभी विश्व बैंक और कभी अन्तर्राष्ट्रीय मुद्राकोष के लिए काम कर रहा हूँ और आर्थिक उदारीकरण के कसीदे पढ़ रहा हूँ। क्या मैं इसीलिए कवि हूँ और इसीलिए प्रधानमन्त्री हूँ ? फिर या तो ऐसा कवि कुछ करता या कहता कि मैं इन चोरों-दलालों-लुटेरों से इतना ज्यादा घिर चुका हूँ और कुछ कर नहीं सकता, इसलिए प्रधानमन्त्री का पद छोड़कर घर बैठता हूँ। मुझे मेरे देश की जनता, मेरे देश के गरीबो और भूखे लोगो, माफ करना। मैं नशे में था।

लेकिन अटलजी न कवि हैं, न प्रधानमन्त्री हैं। कहने को हैं, भाषण देने को हैं, हाथ मिलाने-मुस्कराने-विदेश यात्राएँ करने को हैं, अफसरों का लिखा भाषण पढ़ने को हैं, मगर जिस पद पर वे हैं, उसकी चाभी कभी संघियों को सौंप देते हैं, कभी बिल क्लिंटन को और जार्ज डब्ल्यू. बुश को, कभी फिक्की और सी.आई.आई. को दे देते हैं। कभी उनसे यह चाभी ब्रजेश मिश्रा ले जाते हैं, कभी यशवन्त सिन्हा, कभी जसवन्त सिंह और न जाने किस-किस को सौंप आते हैं और जिन्हें हम प्रधानमन्त्री कहते हैं, वे सिर्फ मुस्कराते रहते हैं, हाथ हिलाते रहते हैं, अपने सफेद बालों को

काला कराते रहते हैं और घुटनों का ऑपरेशन कराते रहते हैं।

देश के करीब पाँच करोड़ लोग भूख से तबाह हो रहे हैं। उड़ीसा, बिहार, आन्ध्र में ही नहीं, दिल्ली तक में पूरे के पूरे परिवार भूख तथा गरीबी से आत्महत्या कर रहे हैं और यह जो इंसान, कवि-प्रधानमन्त्री कहा जाता है, उसे अपने पर शर्म नहीं आ रही। जिन पर गुस्सा आना चाहिए, उन पर गुस्सा नहीं आ रहा और वह कह रहा है कि ये प्रचार है। लोगों के भूख और गरीबी से मरने से यह देश और इसका प्रधानमन्त्री 'बदनाम' नहीं होता, बदनाम हो जाता है खबर के छपने से। यानी लोग भूख से मरें तो उन्हें मरने दो, मगर इसका अखबार में प्रचार मत करो। अनाज गोदामों में सड़ता है तो सड़ने दो, चूहे खा रहे हैं तो खाने दो, भूखे आदमी को मेहनत-मजदूरी करने के बदले भी मत दो। फिर वह भूखा मर जाए तो इसका 'प्रचार' मत होने दो बल्कि आम की गुठली का 'आटा' खाकर मरे तो कहो कि यह भूखा नहीं मरा, खाकर मरा है, जहरीली चीज खाकर मरा है। यह मौत भूख से होनेवाली मौत नहीं है। यानी आदमी भूखा हो तो आम की सूखी गुठलियों को कूट-पीसकर भी न खाए और खाए तो उससे भी न मरे और मरे तब, जब गुठलियाँ भी खत्म हो जाएँ। तब भी क्या कविजी आप मानेंगे कि वह भूख से मरा ?

आप गोदाम से अनाज नहीं निकालेंगे, तो आदमी कुछ न कुछ तो खाएगा ही क्योंकि आदमी तो आदमी, कुत्ता और चूहा भी किसी न किसी तरह पेट भरना जानता है। आदमी जहरीली जड़ों को उबालकर खाएगा या आम की गुठलियाँ खाएगा। मुफ्त में जो मिलेगा, वह तो कम से कम खाएगा ही। जिसे खाने के लिए सरकार की ओर ताकना नहीं पड़ता, वह तो खाएगा ही। गनीमत है कि वह फिर भी आपके भरे हुए गोदाम नहीं लूट रहा। वह अनाज को सड़ते देख, चूहों को खाता देख भी धीरज नहीं खो रहा।

आपकी दिल्ली में बड़े लोगों की कॉलोनियों में दो घंटे बिजली नहीं आती तो लोग तोड़फोड़ करने लगते हैं और उड़ीसा या बिहार का आदमी भूखा रहकर, गुठलियाँ खाकर भी चुपचाप मर रहा है और इस बारे में अखबार लिख रहे हैं, तो आपको यह झूठा प्रचार लगता है ! बच्चे बेचे जा रहे हैं, पत्रकार उन्हें खरीदकर दुनिया को दिखा रहे हैं कि 1100 रुपए तथा 15 किलो चावल में दो-दो बच्चे उड़ीसा में बिक रहे हैं। जितने में शायद एक बकरी या एक पालतू कुत्ता भी नहीं बिकता, उतने में इंसान के दो बच्चे बिक रहे हैं—जो बिकाऊ नहीं होते—और हमारा तथाकथित कवि-हृदय प्रधानमन्त्री कह रहा है कि ये 'प्रचार' है ! जिन अखबारों को रात-दिन आपका और आपकी सरकार का प्रचार करने से ही फुर्सत नहीं मिलती, उन्हें भूख से मरने की खबरों का 'झूठा प्रचार' करने की फुर्सत कहाँ है ?

अरे गनीमत है कि भूख-गरीबी से मरने पर अखबारों में कहीं कुछ छप जाता है। प्रधानमन्त्री जी इतना तो बर्दाश्त कर लीजिए ! आप अमेरिका, ब्रिटेन, फ्रांस, जर्मनी तो पत्रकारों-अफसरों-सांसदों-मन्त्रियों की फौज के साथ जा सकते हैं, कभी काशीपुर नहीं

जा सकते ? इतनी हिम्मत नहीं आपमें ? इतना भी साहस नहीं कि शाम होते ही शराब में डूब जानेवाले, अपनी जनता की भाषा और भावनाओं को न समझनेवाले मुख्यमन्त्री को डाँट ही लगाते ? मगर धौंस दिखा रहे हैं अखबारों को ! अपनी आँखों से भूख-गरीबी देखने की ताव आपमें नहीं, तो पत्र-पत्रिकाओं में उसे पढ़ तो लीजिए। नहीं तो कह दीजिए आँखों से मुझे दीखता नहीं, दिमाग काम नहीं करता और दिल मेरा पत्थर हो चुका है और इसीलिए मैं इस देश का प्रधानमन्त्री हूँ। देश की जनता तेरा शुक्रिया, तू भूख से मरने के काबिल ही है।

इस तथाकथित कवि और इस तथाकथित प्रधानमन्त्री से अच्छे तो राजा धृतराष्ट्र थे, जिन्हें मालूम था कि वे अन्धे हैं। उन्हें मालूम था, इसलिए उन्होंने संजय से मदद ले ली और पूरा महाभारत 'देख' लिया। जिसे पता न हो, वह न संजय की मदद ले सकता है और न अपनी आँखों के सामने घट रहे 'महाभारत' को देख सकता है। भूख और गरीबी ऐसा ही 'महाभारत' है, मगर धृतराष्ट्र को पता नहीं है कि वह धृतराष्ट्र है। लेकिन संजय फिर भी हैं। यह अलग बात है कि उनके वर्णत्त सुन-सुनकर धृतराष्ट्र परेशान हो रहा है।

मैं 'चिन्तन' क्यों नहीं कर पाता ?

पिछले तीन साल से मुझे न जाने क्या हो गया है। जब पुराना साल जाने लगता है और नया साल आने लगता है तो मेरा मन 'चिन्तन' करने के लिए आकुल-व्याकुल होने लगता है। इधर मन है कि मानता नहीं, उधर दिमाग है कि 'चिन्तन' करता नहीं। मैं अपने मन को खूब धिक्कारता हूँ कि मूर्ख, जो काम तू साल भर नहीं करता, वह अचानक साल के आखिरी दिनों में कैसे कर लेगा, लेकिन इससे उसकी सेहत पर फर्क नहीं पड़ता।

वह तो जिद पर अड़ा, सो अड़ा। इसलिए दिमाग को ठोंक-पीटकर चिन्तन करने के योग्य बनाने की कोशिश करता हूँ। पिछले दो साल से सारे उपाय करने के बावजूद मेरे दिमाग ने चिन्तन करने से मना कर दिया था, लेकिन इस बार मैं नहीं माना। मैंने कहा कि अगर तू चिन्तन नहीं कर सकता तो इतना तो चिन्तन करके बता कि तू चिन्तन क्यों नहीं कर पाता, तो उसने ज़ो बताया, उसे सार रूप में आपके समक्ष रखने का प्रयास कर रहा हूँ। उसने बताया कि चिन्तन करने के लिए मैं नव वर्ष की छुट्टियाँ मनाने न कभी केरल जाता हूँ, न मनाली, न गोवा। मुझे जाना चाहिए। मुझे वहाँ जाने के लिए एयरफोर्स के विमान का इन्तजाम भी करना चाहिए। और मुझे हवाई अड्डे विदा करने और लेने के लिए आनेवाले वीआईपियों का इन्तजाम भी करना चाहिए। किसी सात सितारा या पाँच सितारा होटल में ठहरना चाहिए। फिर वहाँ ताजे फलों, सूखे मेवों, तरह-तरह की चाकलेटों, आइसक्रीमों, मछलियों, केकड़ों, दारुओं आदि का सेवन करना चाहिए। फिर समुद्र किनारे बैठना चाहिए। फिर गप लड़ाने के लिए मन्त्रियों, हीरो-हीरोइनों की भीड़ जुटानी चाहिए। फिर किसी तरह अपनी छुट्टियों को मीडिया-ईवेंट बनाना चाहिए। संवाददाताओं और कैमरामैनों को अपने आगे-पीछे घुमाना चाहिए। तब कविता भी होती और चिन्तन भी होता। जब मैं कुछ नहीं करता, गरीबी का रोना रोकर पुराने साल के आखिरी दिन टी.वी. के आगे बैठकर दूसरों को हँसते-गाते, नाचते देखता हूँ और खुद उदास बैठा रहता हूँ, तो फिर चिन्तन कैसे होगा ? और चिन्तन नहीं होगा, तो उसकी प्रशंसा भी कैसे होगी और उसका विरोध भी कैसे होगा ? चिन्तन करते हुए तब मेरे चित्र कैसे छापेंगे, मेरे चिन्तन की खबरें अखबार के फ्रंट पेज पर कैसे छपेंगी ? और जब चिन्तन ही नहीं होगा, तो चिन्तन से देश का भला या बुरा भी कैसे होगा ?

मैंने बीवी से कहा, यार सुन, इस साल के अन्त में मैं भी चिन्तन करना चाहता

हूँ, तू इसमें मेरी क्या मदद कर सकती है ? इतना सुना तो वह फफक-फफककर रोने लगी। कहने लगी कि जैसे-जैसे तुम्हारा बुढ़ापा आता जा रहा है, वैसे-वैसे तुम्हारा दिमाग भी खराब होता जा रहा है। अरे तुमने चिन्तन किया तो जो दाल-रोटी आज नसीब हो रही है, उससे भी जाओगे। मैं और मेरे बच्चे भूखे मर जाएँगे। ध्यान रखना जो अपनी हैसियत भूल जाता है, वह कभी सुखी नहीं रहता, कभी सुखी नहीं रहता। वह रो रही है और मैं उसे मना रहा हूँ। उसे मनाते-मनाते मैं भी रोने लगा। रोते-रोते मैं उससे कह रहा हूँ, रो मत।

चतुर्वेदीजी रिटायर नहीं होंगे

चतुर्वेदीजी को रिटायर होना था।

रिटायरमेंट का दिन आने तक सब ठीकठाक था। वे अपने रिटायरमेंट की भावी योजनाएँ सबको खुशी-खुशी बता रहे थे। वे बार-बार कह रहे थे कि बहुत कर ली नौकरी, करते-करते 35 साल हो गए। अब मजे से आराम करेंगे, कविताएँ लिखेंगे, डटकर खाएँगे, चैन से मुँह ढँककर सोएँगे, देवदर्शन करेंगे, इसलिए सब निश्चिन्त थे।

उनकी विदाई के लिए दफ्तर में फूलमालाएँ, मिठाई और तोहफे आ चुके थे। बड़े बाबू उनके सम्मान में आज सुबह से ही अपना विद्वत्तापूर्ण भाषण तैयार कर रहे थे। वे बीच-बीच में लिखते-लिखते बार-बार भावुक भी हो रहे थे। मगर तभी चतुर्वेदीजी अचानक गरजने-बरसने लगे—"हर कोई कान खोलकर सुन ले, मैं रिटायर होनेवाला नहीं। किसी ने मुझे रिटायर करने की जुर्रत भी की तो मैं उस साले के हाथ-पैर तोड़ दूँगा। अगर अटलजी अस्सी के होकर भी देश चला सकते हैं तो क्या मैं साठ साल की उम्र में इस छोटे-से ऑफिस में काम भी नहीं कर सकता ?"

चतुर्वेदीजी का रुख देखकर सब सनाका खा गए। शर्माजी बेहोश हो गए जिन्हें कल से उनकी जगह पर बैठना था। वर्माजी सिर पकड़कर बैठ गए जिन्हें कल से शर्माजी की कुर्सी सँभालनी थी। बड़े बाबू के हाथ से कलम छूटकर टूट गई (खैर सरकारी थी।)। अन्ततः ऑफिस की समस्त धरती इस तरह काँपने लगी जैसे भूकम्प आ गया हो।

"मगर आप प्रधानमन्त्री नहीं हैं, सरकारी नौकर हैं। आपको रिटायर तो होना ही पड़ेगा। हाँ राजनीति में चले जाइए, प्रधानमन्त्री बन जाइए, फिर चाहे जनता रिटायर कर दे, तब भी रिटायर मत होना। जनता सब देख लेगी।"

उन्होंने चुनौतीभरे स्वर में कहा : "कोई मुझे रिटायर करके देखे तो ? जो मुझे रिटायर करने की कोशिश करेगा, उसकी मैं टाँगें ही क्या, सब कुछ तोड़ दूँगा। मैं यह तानाशाही कबूल करनेवाला नहीं हूँ कि साठ साल के हो गए तो रिटायर होना ही पड़ेगा। मैं अटलजी का परम भक्त हूँ। रक्त की अन्तिम बूँद तक भी मैं किसी की तानाशाही स्वीकार नहीं करूँगा। जब तक चाहूँगा, जनता की सेवा करूँगा।"

"लेकिन आपको इसकी तनख्वाह कहाँ से मिलेगी ?"

"सरकार नहीं देगी तो ऊपरवाला देगा। वो सब पर मेहरबान है। रिश्वत के रेट बढ़ा देंगे।"

"लेकिन रिटायर आदमी को रिश्वत भी कौन देगा ?"

"दुनिया में बेवकूफों की कमी नहीं है गालिब," उन्होंने कहा।

तो वो अडिग हैं, अटल हैं, अविचल हैं। कोई तर्क उन्हें अपने निश्चय से डिगा नहीं पा रहा है। सारे दफ्तर के सारे लोग उन्हें समझाबुझाकर हार चुके हैं कि उन्हें रिटायर तो होना ही पड़ेगा। शर्माजी गिड़गिड़ा चुके हैं, वर्माजी उन्हें पटा चुके हैं, बड़े बाबू धमका चुके हैं, बड़े साहब उनकी पेंशन रोकने की चेतावनी दे चुके हैं, पुलिस आ चुकी है और पत्नी उन्हें खींचकर घर ले जाने के सभी विफल प्रयत्न कर चुकी है लेकिन वे हैं कि मान नहीं रहे हैं। वे अब नारा लगाने लगे हैं—"अटलजी संघर्ष करो, हम आपके साथ हैं।" सड़क पर तमाशा देख रहे बच्चे भी नारा लगाने के लिए उनके साथ आ चुके हैं। इधर भाजपावालों को खबर लग चुकी है। सुना है वे भी चतुर्वेदीजी के समर्थन में आ रहे हैं। शहर की कानून-व्यवस्था गड़बड़ाती जा रही है। इस स्थिति में बुद्धिजीवी विचार कर रहे हैं कि क्या अटलजी को एक सामूहिक पत्र लिखें कि अब आप स्वयं ही रिटायर हो जाइए ताकि चतुर्वेदीजी भी रिटायर हो जाएँ वरना हमारे शहर की कानून-व्यवस्था को बिगाड़ने की सीधी जिम्मेदारी आपकी होगी। लेकिन अन्ततः वे नहीं लिखते। उधर वाजपेयीजी का डर है, तो उधर चतुर्वेदीजी का।

अटलजी के नाम पत्र

माननीय अटलजी,

सादर प्रणाम

प्रधानमन्त्री न रहने के बाद आपके चेहरे पर हवाइयाँ उड़ती देख मुझ जैसे सेक्युलरिस्ट को भी सचमुच आप पर दया आ गई थी और मेरी आँखों से आँसू बस टपकने ही वाले थे कि मेरे मन में अचानक इस विचार से उत्साह पैदा हुआ कि इन ब्यूरोक्रेटों ने अपने लिए तो अतिरिक्त सचिव जैसे पद का आविष्कार कर लिया मगर हमारे राजनीतिकों के लिए अतिरिक्त प्रधानमन्त्री के पद का सृजन नहीं किया। वरना जनता द्वारा ठुकराए जाने के बावजूद मरते दम तक प्रधानमन्त्री बने रहने का सपना संजोनेवाले बुजुर्गों को इस तरह निराशा का मुँह नहीं देखना पड़ता। इस देश के जवानों की निराशा देखी जा सकती है मगर बुजुर्गों की नहीं पर खैर उस दिन आपका यह बयान पढ़कर दिल बाग-बाग हो गया कि आप पाँच साल विपक्ष में नहीं बैठेंगे। बहुतों ने इसकी निन्दा की और कहा कि देखो अटलजी की जुबान अभी भी प्रधानमन्त्री पद के लिए लपलपा रही है मगर मैंने कहा नहीं, वे तार्किक बात कह रहे हैं। जो शख्स प्रधानमन्त्री की कुर्सी पर पूरे पाँच साल के लिए बैठाए जाने पर भी नहीं बैठा और उसने पहले चुनाव करा दिए, वह विपक्ष में पाँच साल क्यों बैठेगा ?

अगर अटलजी मीडिया, ज्योतिषियों, चुनाव सर्वेक्षकों, सट्टा बाजार के दलालों, उद्योगपतियों, जार्ज बुश वगैरह को मिलकर भारत की सरकार बनानी होती तो आप इस जन्म में ही नहीं अगले कई जन्मों में भारत के प्रधानमन्त्री होते। लेकिन मुश्किल ये है कि हमारे यहाँ सरकार बनाते हैं आम लोग, गरीब लोग। वे जहाँ जिस को बैठाते हैं उसे बैठना पड़ जाता है लेकिन आपने तो सत्ता में रहते हुए भी जनता की कोई बात नहीं सुनने का 'साहस' दिखाया था तो अब आप क्यों सुनेंगे, जबकि उसने आपके गठबन्धन को हरा दिया है ? क्यों बैठेंगे वहाँ पाँच साल तक, जहाँ जनता ने आपको बैठाया है ? आप तो कुछ ऐसा करना अटलजी कि जनता देखती रह जाए और आप फिर से प्रधानमन्त्री बन जाएँ। मत बैठना अटलजी वहाँ विपक्ष में बहुत देर, बहुत बुरा लगता होगा न आपको वहाँ ! लगता होगा कि इस मनमोहन सिंह ने आपकी कुर्सी छीन ली है। हे भगवान जनता ने तो नहीं सुनी तू ही अटलजी की जरूर सुन लेना। सटोरिए आदि भी खुश हो जाएँगे कि देखा हमने कहा था न, अटलजी ही बनेंगे फिर से प्रधानमन्त्री।

लेकिन अटलजी विपक्ष में पाँच साल न बैठने की बात कहते हुए आपने कभी सोचा कि संसद में आपकी लगभग बगल में बैठनेवाले लौहपुरुष पर आपके इन आप्तवचनों का क्या असर हुआ होगा ? वे सोच रहे होंगे कि अच्छा विपक्ष का नेता बनना हो तो मैं बनूँ, सरकार से लड़ना हो तो मैं लड़ूँ और प्रधानमन्त्री बनने का मौका आए तो ये बनें ? वैसे मुझे तो लौहपुरुष पर भी आजकल दया ही आती है जो चुनाव के दौरान कांग्रेस पर तरस खाते रथ पर घूम रहे थे, अब उन पर हम जैसे टटपूँजियों को भी तरस आ रहा है कि लौहपुरुष होते हुए भी इन बेचारों का ये हाल हुआ ! इन्हें तो अब तक स्टील पुरुष होना चाहिए था ! देश का पहला लौहपुरुष कभी विपक्ष में नहीं बैठा था मगर दूसरे को बैठना पड़ गया, वैसे यह भी अटलजी आपके नेतृत्व का ही कमाल है ! खुद तो डूबे ही हमारे लौहपुरुष को भी ले डूबे !

बड़ी हृदयहीन है इस देश की जनता अटलजी, उसने एक ऐसे कोमल हृदय कवि का भी दिल तोड़ दिया, जिसकी कविता की कल तक आडियो-वीडियो कम्पनीवाले, मार-तमाम संगीतकार, लता मंगेशकर और जगजीत सिंह जैसे गायक, नर्तक-नर्तकियाँ न जाने कितनी कद्र करते थे। ऐसा लगता था कि देश को प्रधानमन्त्री ही नहीं अचानक एक मैथिलीशरण गुप्त जैसा राष्ट्रकवि भी मिल गया है जिसका पद न जाने कब से खाली पड़ा था। अब आपके पास कवितानुमा कुछ लिखने की ढेर सारी फुर्सत होगी मगर उनके पास अवकाश न होगा जो कल तक सिर्फ आपकी ही कविता का रसपान किया करते थे। देखिए न भूतपूर्व होते ही कितना कुछ भूतपूर्व हो जाता है। कवि और उसकी कविता तक भूतपूर्व हो जाती है। इसीलिए आपको चाहिए था कि समय रहते स्वयं ही अपने अभूतपूर्व होने का इन्तजाम कर लेते मगर आपको भरोसा ही नहीं रहा होगा कि कभी आप भी भूतपूर्व हो सकते हैं।

आपने कितना कुछ किया था देश के लिए और कितना कुछ आप और करना चाहते थे—आपका तो विजन 2020 था—इसीलिए आपने अपने नए घुटने लगवाए थे और डॉक्टर को अमेरिका से बुलवाया था ताकि काम पुख्ता हो और घुटने 2020 तक चलें। अगर आपको पता होता कि नए घुटने लगवाने के बाद भी जनता आपको विपक्ष में बैठाएगी तो आप देश का इतना पैसा क्यों बर्बाद करवाते ? आप तो बहुत संवेदनशील हैं अटलजी, कहिए हैं न !

मैं तो हैरान हूँ अटलजी, आपने कितनी बार विपक्ष को चुनौती दी थी कि वो अपना प्रधानमन्त्री तो बताए लेकिन उसने नहीं बताया। अन्त तक नहीं बताया, जीतने के बाद भी जनता को भ्रम में रखा और इधर टेस्टेड प्रधानमन्त्री था, स्थायी सरकार चलाने का अनुभवी प्रधानमन्त्री था, गुजरात में नरसंहार करानेवाले को भी माफ करनेवाला उदार हृदय प्रधानमन्त्री था मगर जनता ने उन्हें ही चुना, जो यह तक नहीं जानते थे कि उनका प्रधानमन्त्री कौन होगा !

मगर खैर जो हुआ सो अच्छा ही हुआ, आपको तो ऊपरवाले पर नीचेवालों से ज्यादा विश्वास है इसलिए मानना चाहिए कि जो हुआ है और जो हो सकता है वह

भी आपके भले के लिए ही हुआ होगा। वैसे भी अटलजी आपने अपनी तरफ से तो भारत का उदय कर ही दिया था, अस्त भी आप ही कराते तो क्या अच्छा न लगता ! इति।

अब आपको यह कहनेवाले मुश्किल से मिलेंगे कि अटलजी संघर्ष करो, हम तुम्हारे साथ हैं लेकिन हम आपके साथ हैं अटलजी मगर आप कोई संघर्ष तो करो ! इतना तो करो कि मनाली में नरेन्द्र मोदी को हटाने की जो बात आपने कही, उस पर अटल रहो। रहोगे नहीं, यह तो हम पहले से जानते हैं।

हिन्दी लेखक का भाजपा प्रवेश

डी. पी. यादव को भाजपा में लाने के मामले में किरकिरी होने के बाद वेंकैया नायडू और प्रमोद महाजन बेहद दुखी थे। इतने दुखी थे कि बैठकर साथ रो रहे थे कि अटलजी और आडवाणीजी ने हमारी इज्जत का कचरा करवा दिया। हम लाए और इन्होंने भगवा दिया। रोने से भी जब गम गलत नहीं हुआ तो वे गम गलत करने के लिए एक पाँचसितारा होटल चले गए। इसी दौरान प्रमोद महाजन को मोबाइल से पता चला कि सुषमा स्वराज ने वामपन्थी समझे जानेवाले असमिया लेखक भूपेन हजारिका का शिकार कर लिया है तो इनका गम और बढ़ गया। इन्होंने भी निश्चय किया कि हम भी इस बार ऐसा ही कोई शिकार लाएँगे जिससे हमारी इज्जत जैसी किसी चीज पर जो नया धब्बा लगा है वह तो कम से कम दूर हो जाए। लेकिन ऐसा कोई शिकार उन्हें दृष्टिदोष के कारण दूर-दूर तक नजर नहीं आया। उन्होंने सलाह के लिए चमचा नम्बर एक को बुलाया मगर जैसाकि हर नम्बर एक के साथ होता है, वह फेल हो गया। दो को बुलाया और फिर तीन को भी बुलाया मगर सब पहले चमचे का ही अनुसरण करते चले गए। अन्ततः छठे नम्बर चमचे की सलाह पर वेंकैया और महाजन ने तय किया कि अगले दिन वो हिन्दी के किसी भूपेन हजारिका को भाजपा ज्वाइन कराएँगे।

मगर हिन्दी की मुश्किल यह है कि इसमें गाना-बजाना, कविता और प्रगतिशीलता साथ-साथ नहीं चलती। तो वेंकैयाजी और प्रमोदजी को मात्र लेखक से ही सन्तुष्ट होना पड़ा लेकिन हिन्दी लेखकों को दूर से जाननेवाले किसी सज्जन ने उन्हें डरा दिया था कि लेखक कुछ अकडू किस्म के जीव होते हैं इसलिए ये डरते-डरते एक लेखक के दरवाजे पर पहुँचे यह सोचते हुए कि हमें यह जरूर संघी कहकर भगा देगा और फिर अखबारवालों को भी बता देगा कि ये आए थे भाजपा ज्वाइन कराने।

लेकिन आशंका के विपरीत लेखक महोदय इन दोनों महानुभावों को अपने दरवाजे पर पाकर गद्गद भए। उन्होंने साश्चर्य कहा–"अहा आप ! आपको तो हम टी.वी. के पर्दे पर रोज देखते हैं। आप साक्षात कभी हमारे गरीबखाने पर पधारेंगे, ऐसी कल्पना तो हमने स्वप्न में भी नहीं की थी।"

"कल्पना तो हमने भी कभी नहीं की थी ऐसी," प्रमोद महाजन ने भी साफ-साफ ही कहा, "मगर जब चुनाव आ जाते हैं तो हमें भी कई चित्र-विचित्र कल्पनाएँ करनी पड़ जाती हैं।..."

गद्‌गद लेखक ने बीच में ही उन्हें टोकते हुए कहा–"पहले तो आप यह बताएँ कि आप क्या लेंगे–ठंडा या गरम ? वैसे कुछ और भी है मेरे यहाँ।"

वेंकैया ने कहा–"हम कुछ नहीं लेंगे। हम कुछ लेने नहीं, हम तो आप जैसे तपस्वी को समूचा का समूचा पार्टी में लेने आए हैं।"

"देखिए मैं बड़ा विनम्र व्यक्ति हूँ। आप मुझे तपस्वी मत कहिए।"

"फिर किसे कहें ? है कोई आप जैसा ? प्रेमचन्द और निराला के बाद बस आप ही तो हैं।"

"यानी आपने अपने व्यस्त समय में से कुछ समय निकालकर मुझ नाचीज को पढ़ा भी है !"

"देखिएजी, झूठ बोलना हमारी पार्टी का सिद्धान्त जरूर है मगर हम आपके सामने झूठ नहीं बोलेंगे कि जहाँ तक पढ़ने-लिखने का सवाल है तो हम सिद्धान्ततः इसके सख्त खिलाफ हैं। हमें तो किसी ने बताया था कि प्रेमचन्द-निराला के बाद बस आप ही हैं यह कह देने से हिन्दी का लेखक हमेशा खुश हो जाता है तो हमने भी कह दिया। वैसे यह पूछने के लिए आपसे माफी माँगना चाहता हूँ कि कहानी-उपन्यास वगैरह लिखनेवाले को ही लेखक कहते हैं न ?"

"हाँ-हाँ बिल्कुल ठीक।"

"देखो वेंकैया मैं ठीक ही कह रहा था न। मैं इंटरनेट पर गलती से कभी-कभी कुछ पढ़ लेता हूँ तो मुझे कुछ-कुछ आइडिया था कि लेखक किसे कहते हैं।"

"आपके अटलजी भी तो लेखक हैं," लेखक ने उनसे कहा।

"वो तो कवि हैं न," वेंकैया ने आपत्ति प्रकट करते हुए कहा।

"कवि भी लेखक होता है", लेखक ने मुस्कराते हुए जवाब दिया।

"अच्छा जी।...तो एक बात और बताइए कि क्या यह सच है कि सिर्फ प्रगतिशील ही लेखक होते हैं ?"

"नहीं जी पंडित विद्यानिवास मिश्र भी लेखक हो सकते हैं।"

"वो लेखक हैं जी ? हमें तो मालूम नहीं था। हम तो समझते थे कि वो पंडितजी हैं। अटलजी के यहाँ पूजा-पाठ कराते होंगे," प्रमोद महाजन ने कहा।

"छोड़ न यार ये बातें। काम की बात कर। आइए न लेखक महोदय, तैयार हो जाइए," वेंकैया ने कहा, "आपके लिए सिल्क का कुर्ता-पायजामा हम साथ लाए हैं और हाँ पश्मीना शाल भी।"

"इतना सब कुछ ? लेकिन क्यों और मैं चलूँ कहाँ ?"

"वहीं जहाँ भूपेन हजारिकाजी चले थे। पार्टी ज्वाइन करने।"

"यानी भाजपा दफ्तर ?"

"क्यों क्या कोई आपत्ति है आपको ? हजारिकाजी को जब आपत्ति नहीं थी, तब आपको आपत्ति करना शोभा नहीं देता।"

"मुझे आपत्ति है लेकिन नहीं भी है मगर..."

"इस अगर-मगर के ही कारण इस देश में इतनी बड़ी प्रतिभा का सम्मान आज तक नहीं हो पाया। कब तक करते रहेंगे यह सब ? आप खुद ही देखिए कि हमने न की कभी अगर, और न की कभी मगर, और हम कहाँ से कहाँ पहुँच गए और आप इतने बड़े तपस्वी होकर भी वहीं के वहीं रह गए।"

"लेकिन मुझे आप भाजपा में कैसे लेंगे ? मैं तो जीवनभर भाजपा को गालियाँ देता रहा..."

"यह भाजपा की समस्या है, आपकी नहीं। आप तो बस इतना कह दीजिए कि मुझे आज से भाजपा के सिद्धान्तों में विश्वास है। मैं अपना अतीत पीछे छोड़ आया हूँ।"

"वैसे तो मेरा भी यही सपना था कि इतनी उम्र हो गई है। अब तो भाजपा का कोई नेता आए और हमें सादर राज्यसभा में मनोनीत करके ले जाए या राज्यपाल बना दे या कहीं का कुलपति बना दे और कुछ नहीं तो पद्मश्री ही दिला दे...तो लाइए दीजिए सिल्क का अपना वह कुर्ता लेकिन भाईसाहब पायजामा हम अपना ही पहनेंगे क्योंकि आपका पता नहीं, ऐन वक्त पर आप यह कहकर कि यह पायजामा हमारा है, इसे उतरवा लें।"

"और हम पश्मीना शाल तब ही आपको देंगे, जब आप हमारी पार्टी ज्वाइन कर लेंगे क्योंकि आपका भी क्या पता आप अचानक कह दें कि मुझे दस्त लग गए और मैं नहीं आ सकता।"

इधर फील ग्रेट, उधर फील डैथ

हम तो इस देस की जनता से बहूत परेसान हो गए हैं। हमारा बस चलता तो इस देस और इसकी जनता को छोड़कर हम अमेरिका चले जाते। पर वो क्या बोलते हैं—सेवन इलेवन—के बाद से रेस्ट्रिक्शन बहूत ज्यादा बढ़ गई है। बुसवा आने ही नहीं देता, ससुर।

अब देखिए न, इधर प्रधानमन्त्री 'फील गुड' कर रहे हैं, उपप्रधानमन्त्री 'फील ग्रेट' कर रहे हैं और उधर वो जनता—अरे वो ही गरीब, गाँव की जनता—वो सिर्फ 'फील डैथ' कर रही है। इधर प्रधानमन्त्री के पास एम्बेसेडर की जगह बी.एम.डब्ल्यू. कार आ गई है और उधर बुन्देलखंड में कालाहांडी से भी ज्यादा बुरे हाल हो गए हैं। लोग भूख से टपाटप मर रहे हैं। माँ बेटे-बेटियों को मारकर खुद जान दे रही है। किसी की बेटी ने फाँसी लगा ली है तो किसी विकलांग ने ट्रेन के नीचे आकर जान दे दी है। ये अच्छी बात नहीं है।

क्यों मर रहे हो भाई ? कोई कारण तो हो। इधर अनाज के गोदाम भरे पड़े हैं, विदेशी मुद्रा के भंडार लबालब भरे पड़े हैं। सेंसेक्स उछालें मार रहा है, सकल घरेलू उत्पाद बढ़ रहा है, बाजार में महँगी-से-महँगी कारें आ रही हैं, फील गुड हो रहा है, फील ग्रेट हो रहा है, भारत उदय हो रहा है, इंडिया शाइन कर रहा है और उधर अमीना बेगम खामखाँ बच्चों को मारकर खुद भी मर रही है। अरे भूख से मरनेवालो ! कुछ तो शर्म करो। आपके प्रतिनिधि तो इतने खुश हैं और आप हैं कि भूख से मरे जा रहे हैं ! आपसे उनकी खुशी सही नहीं जाती।

अरे भूख तो आनी-जानी है। आज है और कल कुछ खाने को मिल गया तो नहीं है। फिर भले ही खाने को रोटी नहीं हो, घास ही मिल जाए या जहरीली जड़ें ही मिल जाएँ या चूहे ही मिल जाएँ या केंचुए ही मिल जाएँ, मगर भूख खत्म हो जाती है, पेट भर जाता है लेकिन 'भारत उदय' तो रोज-रोज नहीं होता है न ! 'इंडिया' तो बार-बार 'शाइन' नहीं करता है न ! 'फील गुड और फील ग्रेट फैक्टर' तो हमेशा काम नहीं करता है न ! ऐसे पवित्र मौकों पर, ऐसे महान अवसरों पर भूख से मर जाना, यह हद दरजे की बदतमीजी है। दुनिया की नजरों में भारत को बदनाम करना है। सरकार को चाहिए कि ऐसे लोगों की लाशों को भी—चाहे वे सड़ी-गली हों—कोड़े जरूर लगवाए। अटलजी, आडवाणीजी, इन मरनेवालों को मरने दो। इनका काम ही मरना है। ये आज से नहीं, सैकड़ों सालों से इसी तरह मरते आ रहे हैं लेकिन आप तो 'फील गुड' करो, 'फील

ग्रेट' करो, 'भारत उदय' करो, 'इंडिया शाइन' करो। अटल जी, संघर्ष करो, हम आपके साथ हैं। आप डिमॉरलाइज मत होना, आप तो बस बढ़ते चले जाना भले ही बढ़ते-बढ़ते गड्ढे में गिर जाना। ये मरते रहें, सड़ते रहें मगर आप चुनाव पर चुनाव लड़ते जाना। विजय पर विजय हासिल करते जाना। आप चलते रहो, बढ़ते रहो, इन ससुरों को मरने दो, सड़ने दो।

विकास ही विकास, कर तो लें

आजकल चुनाव का मौसम है और हर नेता देश का विकास करने पर इस कदर आमादा है जैसे विकास नहीं तो देश नहीं और देश नहीं तो वे नहीं और वे नहीं तो जनता नहीं। जो कल तक मन्दिर बनाने में लगे हुए थे, उसे जीवन का एकमात्र मिशन बता रहे थे वे भी कह रहे हैं कि मन्दिर भी किसी दिन बन ही जाएगा मगर देश को उससे पहले जरूरत है विकास की। कल तक जो गौहत्या से चिन्तित थे, मारकाट मचा रहे थे, आजकल न उन्हें और न इस देश को होश है कि यहाँ गौहत्या हो रही है या नहीं हो रही है ? मान लो नहीं हो रही है तो उन्हें इस बात पर खुश होना चाहिए मगर वे खुश नहीं हो रहे हैं बल्कि आजकल इस बात से परेशान हैं कि देश का विकास क्यों नहीं हो रहा है और अटलजी जैसे विकास-पुरुष के रहते नहीं होगा तो फिर कब होगा ? उमा भारती से लेकर लालकृष्ण आडवाणी तक और लालू प्रसाद यादव से लेकर मुलायम सिंह यादव तक सभी की मात्र एक ही चिन्ता है, एक ही नारा है—विकास। विकास और सिर्फ विकास, विकास और केवल विकास। विकास के बारे में राजनीतिक दलों में ऐसी विकट राष्ट्रीय सर्वानुमति बन चुकी है कि देश की जनता अब चिन्तित होने लगी है कि आखिर यह हो क्या रहा है और वह हमसे कहने आ रही है कि भई व्यंग्यकारों इन नेताओं पर व्यंग्य लिखो वरना इनका क्या पता इस बार देश का सचमुच ही विकास कर डालें।

लेकिन मैं यह समझ नहीं पा रहा हूँ कि आखिर देश को एकाएक इतने विकास की जरूरत क्या आ पड़ी है जबकि विकास तो नेहरूजी के जमाने से ही हो रहा है। नेहरूजी थे तो उन्होंने आराम तक को हराम कर रखा था और सोचिए, जिस देश में आराम तक हराम हो जाए, उस देश का तो विकास होना निश्चित ही है। मान लीजिए इतना बड़ा देश है, नेहरूजी से सब कुछ नहीं हो पाया होगा, कुछ हरामखोर तब भी आराम ही कर रहे होंगे तो बाद में इन्दिराजी आई थीं, उन्होंने 'गरीबी हटाओ' का आह्वान किया था और वे इतनी ताकतवर नेता थीं कि वे किसी को हटाने का आह्वान करें और वह न हटे यह तो हो ही नहीं सकता था। ये तो गनीमत थी कि उन्होंने सिर्फ गरीबी को ही हटाने का आह्वान किया था, अगर उन्होंने अमीरी को हटाने का आह्वान किया होता तो वह भी गरीबी के साथ ही हट चुकी होती। तो जो गरीबी नेहरूजी के जमाने में नहीं हटी होगी, इन्दिराजी के जमाने में अवश्य हट गई होगी यानी देश

का तब तो विकास हो ही गया होगा। मान लो तब भी किसी वजह से नहीं हुआ होगा तो उनके बाद आए थे उनके बेटे राजीवजी और वे बड़े उत्साह से देश को इक्कीसवीं सदी में ले जा रहे थे। इक्कीसवीं सदी के बाद भी देश को विकास की जरूरत रह गई होगी, यह बात कोई स्वस्थ दिलदिमाग का आदमी तो सोच भी नहीं सकता। हाँ आध्यात्मिक विकास की बात अलग है। उसकी गुंजाइश तो हमेशा बनी रहती है।

और मान लो तब भी विकास की, गरीबी हटाने की जरूरत रह गई होगी तो अटलजी ने हर साल देश में एक करोड़ रोजगार पैदा करने का वायदा किया ही था और उनके जैसे अटल प्रधानमन्त्री के होते हुए भी देश को विकास करने की जरूरत रह गई होगी, यह मानने को मन नहीं करता।

मान लो फिर भी देश को विकास की जरूरत है तो अटलजी खुद ही करें न विकास। ये उमाजी, ये मोदीजी, ये लालूजी, ये मुलायमजी तो न करें। ये लालकृष्णजी तो इस पचड़े में न ही पड़ें तो अच्छा।

वैसे मेरा स्पष्ट सवाल यह है कि आखिर कितना विकास करेंगे भई देश का? कोई सीमा तो होगी ? क्या एकदम देश को विकसित बनाकर ही दम लेंगे ? आखिर हमारा देश प्राचीन है। यह बात कहने में बुरी लगती है मगर सच है कि हर प्राचीन चीज जर्जर हो जाती है। यह प्राचीन-जर्जर देश आखिर विकास की कितनी मार झेल सकता है ? हम कभी जगद्गुरु थे, भाई। दूसरों को सिखाते थे, हालाँकि किसी को आज तक नहीं पता है कि किसने हमें इतना सिखा दिया था कि हम स्वयंभू जगद्गुरु हो गए थे। मगर खैर पहले जो हुआ सो हुआ, यह मानकर इस सवाल को आज न भी उठाएँ तो प्रश्न यह है कि जगद्गुरु होते हुए दूसरे देशों के विकास से जलभुनकर हम अपना विकास करें, क्या यह हमें शोभा देता है ? क्या इसी तरह हम देश के स्वाभिमान की रक्षा करेंगे ?

और यह तो सोचो भाई आप जितना ही देश का विकास करोगे उतना ही देश में प्रदूषण बढ़ेगा। जितना ही विकास करोगे, गरीबों का उतना ही गाँवों से शहरों की ओर पलायन होगा। जितना ही विकास करोगे, उतना ही स्वभावतः देश में भ्रष्टाचार बढ़ेगा और जितना भ्रष्टाचार बढ़ेगा, उतना ही देश का नाम विदेशों में बदनाम होगा। और विदेशों में देश का नाम बदनाम करके तो विकास नहीं किया जा सकता न ! फिर विकास होगा तो जाहिर है कि देश में गरीब नहीं रहेंगे और गरीब नहीं रहेंगे तो नेता आश्वासन किन्हें देंगे ? और वे जब आश्वासन नहीं देंगे तो वे नेता कैसे बने रहेंगे ? और क्या कोई देश बिना नेता के चल सकता है ? नहीं चल सकता है तो सवाल है कि विकास क्यों ? राम मन्दिर क्यों नहीं ? विकास क्यों, अल्पसंख्यकों का सफाया क्यों नहीं ? विकास क्यों, गौमाता क्यों नहीं ? विकास क्यों, जातिवाद क्यों नहीं ?

लेकिन विकास अगर चुनाव तक होना है तो हो ले, हमें कोई एतराज नहीं।

आखिर देश में संसदीय लोकतन्त्र को बचाए रखने की जिम्मेदारी भी तो समस्त राजनीतिक दलों और उनके नेताओं की है। करो, करो, इस बार तुम देश का विकास ही कर डालो। इतिहास गवाह है कि स्व-विकास का यह रास्ता भी बुरा नहीं।

रामभक्त बन्दर राजनीति के अन्दर

चुनाव निकट आता देख बन्दरों ने ऐलान किया कि वे राजनीति में प्रवेश करेंगे। उनका कहना था कि अपने को रामभक्त कहने वाले मजे से वर्षों से राजनीति कर रहे हैं, मन्दिर और मस्जिद गिरा रहे हैं, डरा-धमका रहे हैं, खून-खराबा कर रहे हैं और सत्ता-सुख भोग रहे हैं जबकि हम, जो असली और सबसे प्राचीन रामभक्त हैं, हनुमानजी के वंशज हैं, हमें पूछा तक नहीं जा रहा है। हमसे यह उपेक्षा अब और सहन नहीं होगी। मनुष्य हमें तत्काल राजनीति में आने दें वरना हम ऐसी तोड़फोड़ करेंगे कि वे जन्म-जन्मान्तर तक उसे याद रखेंगे। हम न उन्हें घर में रहने देंगे, न सड़क पर निकलने देंगे, न रात में सोने देंगे, न दिन में कुछ करने देंगे। न स्वर्ग में उन्हें जीने देंगे, न नरक में उन्हें रहने देंगे।

बन्दरों की इस घोषणा से समस्त मानव-समाज में खलबली मच गई। अभी तक तो विभिन्न धर्मों और जातियों के मनुष्यों की ही यह शिकायत दूर नहीं हुई थी कि उन्हें राजनीति में उचित प्रतिनिधित्व नहीं मिल रहा हैं और इधर बन्दरों ने भी अपना हिस्सा माँगने के लिए बवंडर मचा दिया था। मनुष्यों का कहना था कि न तो ये बन्दर कपड़े पहनना जानते हैं, न कुर्सी का महत्व जानते हैं, न भाषण देना जानते हैं, न दल-बदल करने में पारंगत हैं, न सिद्धान्तहीनता और अवसरवादिता में दीक्षित हैं, फिर ये राजनीति क्या खाक करेंगे ! अगर राजनीति करके संसद और विधानसभाओं में बन्दर चुनकर आने लगे तो इनके लिए सदन के अन्दर भी पेड़ लगाने पड़ेंगे ताकि ये उछल-कूद करते हुए फल खाते रह सकें।

बहरहाल बन्दरों की धमकी को अनदेखा भी कैसे किया जा सकता था क्योंकि बन्दरों ने धमकी देने के साथ ही उस पर अमल करना भी शुरू कर दिया था। कभी वे किसी नेता का माइक छीन ले जाते, कभी किसी अफसर की टाई पर लटक जाते, कभी किस पत्रकार का कुर्त्ता फाड़ देते। एक अफसर की टाई से तो एक बन्दर ऐसा लटक गया कि उसकी जान ही चली गई। एक पत्रकार का कुर्त्ता फाड़ा तो कई पत्रकारों ने डर के मारे पत्रकारिता करनी छोड़ दी।

एक दिन एक मन्त्री अपने कक्ष में बैठा था। उसका दरवाजा जैसे ही खुला, कई बन्दर घुस आए और सामनेवाली कुर्सियों पर बैठकर शोर मचाने लगे। उन्हें देखकर मन्त्रीजी की ऊपर की साँस ऊपर और नीचे की नीचे रह गई। कुछ देर में ये सँभले

और उठकर खड़े हो गए। उन्होंने झुककर निवेदन किया, 'महाराज, आप आज्ञा करें' तो एक बन्दर ने आज्ञा करने के बदले उनके कान ही खींच लिए और एक ने उनके बाल नोंच डाले। फिर कमरे में जो कुछ था उसे भी तहस-नहस करके ब्रीफकेस में भरे नोटों को बिखराकर 'चले गए और कोई कुछ नहीं कर सका। जाते-जाते वे धमकी दे गए कि अगर राजनीति में प्रवेश नहीं दिया गया तो वे ऐसा ही उत्पात रोज-रोज मचाएँगे, बल्कि हर क्षण मचाएँगे और एक दिन ऐसा भी आएगा कि वे प्रधानमन्त्री को भी नहीं बख्शेंगे।

नेतागण परेशान हो गए। उनका कहना था कि ठीक है कि ये बन्दर हनुमानजी के वंशज हैं और हम भी हनुमानजी के भक्त हैं, मगर इसका मतलब यह तो नहीं कि हम उनके वंशजों को राजनीति में आने दें। राजनीति का खेल विशुद्ध रूप से मनुष्यों का है और मनुष्यों में भी विशेष रूप से नेताओं और दलालों का है। तब उसमें बन्दर की गुजर कहाँ ! कल ही गाय-भैंस, शेर-भालू, गधा-लोमड़ी कहने लगेंगे कि हम राजनीति में आएँगे, तो क्या हम उन्हें आने देंगे ? फिर इस तरह तो हो चुकी राजनीति। तब तो मनुष्यों के सामने राजनीति से संन्यास लेने के अलावा कोई चारा नहीं बचेगा।

एक छुटभैए ने मजाक में कहा कि बन्दर तो पहले से ही राजनीति में हैं, फिर उनसे परहेज क्यों ? एक नेता ने उसे डपट दिया कि ये मजाक करने का समय नहीं है। अगर अभी भी हम मजाक करते रहे तो बन्दरों से राजनीति को बचाना मुश्किल हो जाएगा और मनुष्यता पर संकट गहरा जाएगा। खैर, काफी समय तक इस बात पर बहस होती रही कि अब किया क्या जाए ? किसी ने कहा कि बन्दरों की परवाह करने की जरूरत क्या है? बन्दर तो बन्दर-घुड़की देते ही रहते हैं। लेकिन दूसरे ने कहा कि बन्दरों ने जिस तरह का उत्पात शुरू कर दिया है उसके बाद यह कैसे मान लें कि यह महज उनकी घुड़की है ? एक ने कहा कि बन्दर मानते नहीं तो क्यों न सालों का काम तमाम कर दिया जाए ?

बन्दरों की धमकी के बाद सारे नेता भी वास्तव में चाहते यही थे मगर उन्होंने कहा कि हम ऐसा नहीं कर सकते। इससे जनता की धार्मिक भावनाएँ भड़क उठेंगी। कोई ऐसा उपाय करना होगा कि न बन्दर राजनीति में आ पाएँ और न लोगों की धार्मिक भावनाओं को चोट पहुँचे। यानी साँप भी मर जाए और लाठी भी न टूटे। लेकिन दिक्कत ये थी कि जो इस मुहावरे का इस्तेमाल कर रहे थे, उन्होंने न कभी साँप मारा था, न कभी लाठी छुई थी। ये साँप देखकर इतने डर जाते थे कि उन्हें मर जाने का डर तो सताता था मगर साँप को मारने का खयाल नहीं आता था।

किसी ने कहा कि अब एक ही उपाय बचा है कि हनुमानजी की शरण में जाया जाए और उनसे विनती की जाए कि हे भगवन इस संकट से हमें बचाइए। आपने तो राम के साथ रहकर भी कभी राजनीति नहीं की और आपका सारा ध्यान उनकी सेवकाई पर लगा रहा, मगर आपके वंशज, आज पथभ्रष्ट होकर राजनीति में हिस्सा माँग रहे हैं, आपके बताए मार्ग से विचलित हो रहे हैं तो इन्हें दिशा-दान कीजिए प्रभो। ये इनकी

अति है, बेईमानी है और मनुष्य जाति के साथ इनकी धोखाधड़ी है कि ये राजनीति जैसे पवित्र काम को अपने हाथ में ले रहे हैं। इनके राजनीतिकों को मुक्ति दिलाने का उपाय सिर्फ और सिर्फ आपके पास है।

शरण में जाने पर भी हनुमानजी इतनी जल्दी कहाँ पिघलने वाले थे। नेतागण विनती करते रहे और वे मूर्तिवत खड़े रहे। लेकिन नेता फिर भी विनती करते रहे, विनती करते ही रहे तो हनुमानजी के सामने भी अन्ततः पिघलने के अलावा कोई उपाय नहीं बचा। लेकिन उन्होंने सब बातें सुनकर कहा कि मनुष्यो, अब समय बदल चुका है। उस समय राम जैसे राजा हुआ करते थे तो मेरे जैसे उनके भक्त भी हुआ करते थे। अब राजा ही नहीं रहे तो मेरे जैसे भक्त भी कैसे हो सकते हैं ? आप लोगों ने इस बीच जनतन्त्र का लफड़ा शुरू करके राजाओं का महत्व समाप्त कर दिया है, इसलिए भई अब आप ही जानो। अपन तो इस मामले में अब कुछ नहीं कर सकते। हाँ, मेरी शरण में आप पहले की तरह आते रहोगे, तो आपकी बाकी मनोकामनाएँ जरूर पूरी कर देंगे मगर वंशजों के मामले में दखल नहीं देंगे। उन्हें अपने बारे में फैसला लेने का हक खुद है। अगर वे राजनीति में आना चाहते हैं तो मैं उन्हें रोकूँगा नहीं। वैसे भी आजकल बड़े-बुजुर्गों की बात सुनता कौन है ? इसलिए मेरी भलाई भी इसी में है कि मैं उनसे कुछ न कहूँ।

लेकिन हनुमानजी के उन भक्तों में एक मूर्ख भी था। उसने हनुमानजी से कहा कि प्रभु, अगर आप उनसे कुछ नहीं कह सकते और उस हालत में अगर हम उनको ठिकाने लगा देते हैं तो आपको एतराज तो नहीं होगा ? यह सुनकर हनुमानजी का पहले से ही आरक्त चेहरा और भी आरक्त हो गया। उन्होंने क्रोध से काँपते हुए कहा, 'मूर्ख, तेरी ये हिम्मत कि तू मेरे वंशजों को मारेगा ? तू मार के तो देख फिर मैं भी तुझे देखता हूँ।'

खैर, हनुमानजी का यह क्रोध देखकर बाकी भक्त थर-थर काँपने लगे। काँपना बन्द होने पर ये भक्तगण हनुमानजी के चरणों में लोट गए। तब हनुमानजी का क्रोध किसी तरह शान्त हुआ और इस प्रकार यह कटु प्रसंग यहीं समाप्त हुआ। इसके बाद भी बहुत दिनों तक तो किसी नेता की हिम्मत नहीं पड़ी कि वह हनुमानजी के मन्दिर जाकर उनके दर्शन कर सके लेकिन इधर बन्दरों का उत्साह सभी सीमाएँ लाँघने लगा था। ये सभी चीजें तहस-नहस करने पर तुले थे। इससे दुखी होकर एक दिन सभी दलों के नेता सीधे रामजी के पास पहुँचे। रामजी भी आसानी से निवेदन सुननेवाले कहाँ थे। तब नेताओं ने दिल्ली सहित सभी प्रदेशों की राजधानियों में 'रामचरित मानस' का सस्वर अखंड पाठ आरम्भ किया, कीर्तन किए, ज्योतियाँ जलाईं, रत-जगे किए मगर रामजी ने फिर भी उनकी नहीं सुनी। कुछ नेताओं ने रामजी के सामने सामूहिक आत्महत्या की धमकी तक दे डाली, तब भी उन्होंने नहीं सुनी क्योंकि वे जानते थे कि जो नेता आम आदमी से नित्य प्रति आत्महत्या कराते हैं, वे खुद आत्महत्या कैसे कर सकते हैं। तब एक नेता ने जो पहले किसी विज्ञापन एजेंसी में काम करता था, कहा कि किसी बच्चे को आगे

रखकर रामजी के सामने अश्रुपूरित नयनों से करबद्ध निवेदन करो तो हो सकता है कि जैसे विज्ञापन देखकर उपभोक्ता पिघल जाते हैं, वैसे राम भी बच्चे को देखकर पिघल जाएँ। उसका यह नुस्खा काम कर गया। रामजी वाकई पिघल गए और उन्होंने भक्तों से पूछा कि बताओ तुम्हारी समस्या क्या है ?

भक्तों ने कहा कि हमारी समस्या का मूल कारण बन्दर हैं। अब वे राजनीति में प्रवेश करने की माँग कर रहे हैं और चुनाव लड़ना चाहते हैं। बताइए इस राजनीति को कभी आप जैसे महान राजा ने सिंहासन पर बैठकर उपकृत किया था और अब हम आपके वंशज, उस राजनीति को समृद्ध करने का प्रयास कर रहे हैं मगर तभी ये बन्दर कहने लगे हैं कि उन्हें राजनीति में प्रवेश दिया जाए। यह कैसे हो सकता है प्रभो ? आप बचाइए हमें इन बन्दरों से, वरना मानव सभ्यता हमेशा-हमेशा के लिए बरबाद हो जाएगी।

रामजी ने उन्हें टोका कि आप मानव-सभ्यता की बरबादी से तो बहुत चिन्तित्त लगते हैं, मगर आपने कभी स्वयं सोचा है कि आप सभ्य हैं या नहीं ? आप उन्हें बन्दर कहकर उनका अपमान कर रहे हैं और मुझसे चाहते हैं कि मैं आपको मदद करूँ जिन्होंने लंका विजय में मेरी सहायता की थी और जो हनुमानजी के वंशज हैं, उन्हें आप कम-से-कम वानर तो कहिए। अगर आपके मन में उनके प्रति इतना भी सम्मान नहीं है तो मेरे पास आने की जरूरत भी नहीं है। आप फौरन यहाँ से जा सकते हैं।

रामजी के विकट क्रोध को देखते हुए भक्त फिर से नेतागण बन्दर शब्द का अनुवाद वानर करते हुए रामजी के आगे निवेदन करने लगे। जब सब कोई सब कुछ कह चुका तब रामजी ने मुस्कराकर कहा, 'सॉरी, मैं आपकी कोई मदद नहीं कर सकता। मैं जब अपने कथित रामभक्तों को ही यह नहीं समझा पाया कि भई बाबरी मस्जिद के नीचे मेरी जन्मभूमि नहीं है तो क्या इन वानरों को मैं समझा पाऊँगा ? मेरा जमाना अब लद गया। अब आप अपने मामले को खुद निपटाइए और खुश रहिए। इसके साथ ही उन्होंने 'जयहिन्द, जय भारत' कहा और अन्तर्धान हो गए।

ये पब्लिक है, ये सब जानती है

ये जो इंडिया का पब्लिक है न, ये बहुत हरामी चीज है। ये किसी के चक्कर में नहीं आता। इसको तुम मामूली मत समझना, हाँ। इसके लिए तुम कुछ भी कर दो, इंडिया शाइन कर दो, भारत उदय कर दो, सेंसेक्स बढ़ा दो, सट्टाबाज़ार चमका दो, हिन्दुत्व का झुनझुना दे दो, गुजरात में नरसंहार करा दो, विकास का नारा दे दो, कुछ भी कर दो, हैदराबाद को साइबराबाद बना दो लेकिन ये चक्कर में नहीं आता तो नहीं ही आता। ये भोत घनचक्कर पब्लिक है भैया, इसका दिमाग जब घूम जाता है तो फिर घूमता ही चला जाता है, फिर ये किसी की नहीं सुनता। अब देखो न बिचारा चन्द्राबाबू नायडू, इस बिचारे ने किसानों को भले कर्ज और भूख से मर जाने दिया मगर आन्ध्र के इस सी.ई.ओ. ने हैदाराबाद को तो चमन बनाकर रख ही दिया मगर फिर भी विधानसभा चुनाव में पब्लिक ने इसके साथ क्या सलूक किया ? बेचारा नक्सली हमले के बाद जनता की सहानुभूति बटोरने चला था और मिली सिर्फ दर्दानुभूति ! इसीलिए इसको बोलते हैं कि ये इंडिया की पब्लिक है।

वो क्या तो गाना है रे पुराना, हाँ–ये पब्लिक है, ये सब जानती है। वो बात बिल्कुल सही है।

इस पब्लिक को इन्दिरा नहीं जँचा तो उसको सिंघासन से उठाकर कूड़ेदान में डाल दिया। राजीव गांधी नहीं जँचा तो उसको भी कूड़ेदान में डाल दिया, मोर्चा का सरकार नहीं जँचा, तो उसे भी कूड़ेदान में डाल दिया और तो और जो चन्द्राबाबू नायडू सोच भी नहीं सकता था कि उसकी जनता उसे हरा देगी उसे भी अभी इस बुरी तरह पीट दिया है कि बिचारे के मुँह से बोल भी नहीं फूट रहे थे। इस जनता का कुछ भरोसा नहीं, कुछ भी नहीं। ये सबको कहता है–"हाँ हम तुमको ही बोट देगा, तुम तो अगले वाले मोहल्ले की फिकर करो।" और पीछे से बोलता है, "कायको इससे इधर पंगा लेने का, वोट तो हम अपनी मरजी से ही देगा।" तुम करते रहो कितना ही करते रहो, इंडिया शाइनिंग हमारे पैसे से, स्थिरता-स्थिरता का राग अलापते रहो, पें-पें, टें-टें करते रहो, हम तो वोइच करेगा जो हम चाहता है। ऐसा पब्लिक इंडिया में च हो सकता है। ये किसी से पंगा नहीं लेता और कोई इससे पंगा लेता है न तो उसको ऐसा निबटा देता है कि वो भी जिन्दगीभर याद करता है जैसा कि चन्द्राबाबू और अब बीजेपी याद करेगा। बिचारे ओपिनियन पोलवाले देखते रह जाते

हैं कि जिसे वे जिताते हैं उसी को पब्लिक हरा देता है।

इसलिए एक फिल्मी गाने में सच कहा गया है—ये पब्लिक है, ये सब जानती है। इस पब्लिक का प्राब्लम क्या है तेरे को बताऊँ ? इसका प्राब्लम ये है कि इसको टेलीफोन दे दो, टी.वी. दे दो, इंटरनेट दे दो, बढ़िया से बढ़िया सड़क देने का वायदा कर दो, शहर को काँच जैसा चमका दो तो भी ये एकीच बात केता है कि तुम मेरे को रोटी दिया क्या, कपड़ा दिया क्या, घर दिया क्या? नहीं दिया न तो मेरे से वोट कायको माँगता ? तूने टेलीफोन दिया न, दिया न, तो तू उसके पास जा न, जिसको तूने टेलीफोन दिया, मेरे पास कायको आता ? तूने हैदराबाद को साइबराबाद बनाया न, तो जिसने तेरे को इसके लिए शाबासी दिया, जा उससे वोट भी माँग ला। जा ना, अब क्यों शर्माता है ? जा वही तेरे को नोट के साथ वोट भी दे देगा। तूने इंडिया शाइन किया न, किया न, तो जा उसके पास जा जिसका इंडिया शाइन हो रहा है, मेरा टैम कायको खोटी करता है रे ! तेरे को वोट माँगता है न, वो देगा न तेरे को वोट, वो है न तेरा सगा तो जा बच्चा, उससे वोट भी ले आ ! तू कायको फालतू में गरीब पब्लिक के पीछे भागता है। कायको हैलीकोप्टर उड़ाता-फिरता है ! तेरा वोट उधर है तू इधर ही जा, इधर नईं आने का। तू विकास करेगा न, तो जब तू कर लेगा तो हमको खुद पता चल जाएगा, तेरे को इंडिया शाइन-इंडिया शाइन, भारत उदय-भारत उदय का विज्ञापन छपाने का जरूरत नहीं पड़ेगा और हम तेरे को वोट दे देगा, पन अभी तो तू जा। जा विश्व बैंक के पीछे जा, जा बेटा मुद्रा कोष के पीछे जा। जा हो जा, वो तेरे को वोट भी दे देगा जा।

वो कहते हैं न—ये पब्लिक है, ये सब जानती है।

इंडिया को आजाद हुए 57 साल हो गए मगर क्या है कि ये इंडिया का पब्लिक शुरू से ही रोटी, कपड़ा, मकान के पीछे पड़ा है। उसका खेदा नहीं छोड़ता। उसके बिना ये खुस ही नहीं होता। अब बिचारा अटल बिहारी,—जो न अटल है, न बिहारी है और उसका वो बिचारा दोस्त नायडू, वो पब्लिक को ये सब कैसे दे सकता है ? जो आजादी के आन्दोलन से धोखा कर सकता है वो पब्लिक को क्या दे सकता है ! फील गुड ही तो दे सकता है तो उसने दे दिया—भई 7-रेसकोर्स में रहेगा तो उसको तो फील गुड होगा ही और अगर वो ये समझेगा कि पब्लिक को भी फीलगुड ही हो रिया है तो पब्लिक ने उसको भी देख लिया। ये पब्लिक है, ये सब जानती है।

ये पब्लिक है। ये क्या करती है कि चुनाव को फिल्म समझ के जो नेता लोग सिनेमा के छोकरा-छोकरी लोक को दिखाने को ले आता है तो उनको देखने भी आ जाता है, जान देकर भी साड़ी लेने आ जाता है, दिनभर की दिहाड़ी दो तो चाहे जिसकी जय बोल देता है पन वोट का मौका आता है तो यही ठेंगा भी दिखा देता है। ये आँकड़े नहीं खाता, ये कम्प्यूटर नहीं पहनता, ये शाइनिंग इंडिया में नहीं रहता, इसलिए ये परवाह नहीं करता कि अटलजी को तो जिताना ही है या फलांचन्दजी नहीं जीते

तो देश का बेड़ा गरक हो जाएगा क्योंकि सेंसेक्स जमीन में घुस जाएगा। इसका जो बेड़ा गरक करता है उसका ये भी गला पकड़ लेता है। इसीलिए बोला मैं, इसको कम मत समझना।

वो क्या बोला था मैं तेरे को शुरू में चूँकि ये पब्लिक है तो ये सब जानती है।

उन्होंने पहले ही कहा था

भाईसाहब ने कहा था कि मैं बेगुनाह साबित होऊँगा और वे हो गए क्योंकि वे अच्छी तरह जानते थे कि गुनाह करके बेगुनाह साबित होना मुश्किल नहीं है। मुश्किल तो तब है जब कोई गुनाह ही न किया हो और इल्जाम लग जाए कि इन्होंने गुनाह किया है। वे अच्छी तरह जानते थे कि उनका मामला पहली तरह का है, दूसरी तरह का नहीं है। इसलिए वक्त कितना भी लगे, उन्हें बेगुनाह तो साबित होना ही है और वे हो गए।

भाईसाहब जानते थे और अच्छी तरह जानते थे, भारतीय राजनीति के पर्याप्त अनुभव से जानते थे, इसलिए शान्त थे, इसलिए धैर्य की सुन्दर प्रतिमा बने हुए थे। वे जानते थे कि वे कोई ईसामसीह नहीं हैं, भगत सिंह नहीं हैं जो फाँसी पर चढ़ा ही दिए जाएँगे। उन्हें तो बेगुनाह साबित होना ही है क्योंकि उन्होंने किया ही क्या है, सिर्फ अटैची ही तो ली है और फिर भी बार-बार सार्वजनिक रूप से कहा है कि उनका न्याय व्यवस्था में अडिग विश्वास है। अगर आदमी इतना मजबूत हो, इतना दृढ़ विश्वासी हो तो उसका सिवाय इसके क्या हो सकता है कि उसे न्याय मिले ? भाईसाहब जानते थे कि वे निर्दोष साबित होंगे क्योंकि उनके दुश्मन बहुत अच्छे थे और वे भी नहीं चाहते थे कि भाईसाहब गुनाहगार साबित हों, भले ही भाईसाहब के दोस्त चाहते थे कि वे गुनाहगार बनाए गए हैं तो गुनाहगार साबित भी हो जाएँ तो बुरा नहीं। हमारा तो काम बन ही चुका है मगर जिसका बुरा उसके दुश्मन नहीं चाहें, उसके दोस्त भी आखिर उसका क्या बिगाड़ सकते हैं !

भाईसाहब जानते थे कि वे बेगुनाह साबित होंगे क्योंकि उन्हें अदालत में गुनाहगार साबित करने की जिम्मेदारी भी उन्हीं पर थी जिनकी नियुक्ति या तो उनके जमाने में बहुत सोचसमझकर की गई थी या उनकी नियुक्ति करनेवाले वे थे, जो जानते थे कि कल उनकी बारी भी आएगी उन्हें भी गुनाहगार बताया जाएगा, तब उनके आज के ये पुण्य कार्य ही उन्हें बचाएँगे कि उन्होंने भी सत्ता में होते हुए दूसरों के गुनाहों पर पर्दा डालकर उन्हें बेकसूर साबित करवाया था, इसलिए हमारा भी नैतिक कर्तव्य बनता है कि आज हम भी उनकी मदद करें।

हाँ भाईसाहब की बेगुनाह होने की भविष्यवाणी सही साबित हुई क्योंकि राजनीति में कोई गुनाह करने के लिए नहीं आता, गुनाह करवाने के लिए भले ही आए। इसलिए

अब वे जब भी मरेंगे (और मरेंगे तो जरूर एक दिन) इस सन्तोष के साथ मरेंगे कि उन्होंने जो भी किया, खुल्लम-खुल्ला किया मगर कमाल यह रहा कि कलंक का एक धब्बा भी उन पर नहीं लगा और एकाध लग भी गया था, तो ऐसे छूट गया, जैसे 'लगाया और हो गया' टाइप हो और अब उनके बेटे-बेटियों, नाती-पोतियों को भी यह पता चल गया है कि किस तरह गुनाह करके भी बेगुनाह साबित होने का सौभाग्य हासिल किया जाता है।

किसी ने सही कहा है (और भला कोई गलत क्यों कहेगा) कि इस देश में देर है, अँधेर नहीं है।

आम आदमी

—हलो

—हाँ बोलिए।

—खास आदमी बोल रहे हैं क्या ?

—मैं आपका मतलब नहीं समझा।

—अरे आपके पास टेलीफोन है तो आप किसी-न-किसी के खास आदमी तो होंगे ही।

—देखिए आप पहेलियाँ मत बुझाइए। यह बताइए, आप कौन बोल रहे हैं ?

—हम आम आदमी बोल रहे हैं।

—आम आदमी ? आम आदमी क्या होता है ? अपना नाम बताइए।

—आम आदमी का कोई नाम होता है क्या ? आप लोग ही तो कहते हैं कि कोई आम आदमी की तकलीफ नहीं समझता, आम आदमी की हालत ये है, वो है, वगैरह। तो हम वो ही आम आदमी हैं।

—तो बताइए, आम आदमीजी मैं आपकी क्या खिदमत कर सकता हूँ ?

—मैंने तो जी आपको धन्यवाद देने के लिए फोन किया था।

—लेकिन किस बात का धन्यवाद ?

—इस बात का धन्यवाद कि आपने हमें गरीब आदमी से प्रमोट करवाकर आम आदमी बनवा दिया। मैं वाकई प्रसन्न हूँ। 57 साल में प्रमोशन मिला मगर मिला तो सही।

—देखिए आप मुझ पर अपनी फेमिली के अलावा किसी और के प्रमोशन का बेबुनियाद आरोप नहीं लगा सकते। मैं इसका जोरदार खंडन करता हूँ।

—मैंने आप पर कोई आरोप नहीं लगाया, सिर्फ आपकी तारीफ की है। आप तारीफ से भी भड़क जाते हैं ? आपने अपनी फेमिली के प्रमोशन के साथ मेरा प्रमोशन भी करवा दिया, इसका धन्यवाद दे रहा हूँ। लगता आपने मुझे पहचाना नहीं ?

—अब सही बात तो यह है बन्धु कि आम आदमी को पहचानता कौन है, खास होते तो तुरन्त पहचान जाता। वैसे आम आदमी के भेस में आप कोई खास आदमी लग रहे हैं।

—हाँ हम आम होते हुए भी खास हैं। हम कांग्रेस से मान्यताप्राप्त आम आदमी हैं। पहले हम गरीब थे, गरीबी हटाओ वाले गरीब, अब सोनिया गांधी की कांग्रेस ने हमें आम आदमी बना दिया है।

—कांग्रेस ने प्रमोट किया है तो सोनिया गांधी को धन्यवाद दीजिए। हमारा माथा क्यों खा रहे हैं ?

—हमने सोचा कि आप अक्सर आम आदमी-आम आदमी की रट लगाते थे तो आपका भी योगदान होगा इसलिए सोचा कि आपको भी धन्यवाद दे दें क्योंकि अब आपको भी 'फीलगुड' हो रहा होगा।

—आप गरीब आदमी से आम आदमी हो गए तो हमें क्यों 'फील गुड' होगा भाई ? हमें इससे क्या लेना-देना ? हमें तो 'फीलगुड' तब होता है जब हमारा कुछ हुआ हो। जहाँ तक आम आदमी की बात है वो तो प्रोफेशनल मामला है हमारा। वैसे भी हम जब आम आदमी की बात करते हैं तो तुम्हारी थोड़े ही करते हैं, अपनी करते हैं, अपने फायदे की करते हैं...खैर चलो फिर भी प्रमोशन होने पर बधाई। कुछ बेसिक बढ़ी, डी.ए.- शी.ए. बढ़ा ?

—ये क्या होता है ?

—मतलब पैसा नहीं बढ़ा ?

—भूखे तो अब भी मर रहे हैं, मजूरी तो अभी भी कभी मिलती है, कभी नहीं मिलती है। बच्चे भी कई बार भूख के मारे रोने लगते हैं और हमारे लात-घूँसे खाकर ही नींद की शरण में जा पाते हैं।

—फिर भी आप खुश हैं कि गरीब आदमी से प्रमोट होकर आम आदमी हो गए ?

—खुश नहीं होते तो पेट काटकर दो रुपये का फोन क्यों करते आपको ?

—लगता है कि आप तो रो रहे हैं ?

—नहीं हम रोएँगे तो आपको अच्छा नहीं लगेगा, आपका फील गुड, फील बेड हो जाएगा। ये तो हमारी खुशी के आँसू हैं।

—सही है तुम जैसे भी रहो, खुश रहो, यहाँ रहो या मुरादाबाद रहो। कम से कम हमारा फील बेड मत करो।...और सुनो दुबारा हमें फोन मत करना। फोन हमने इसलिए नहीं रखा है कि तुम जैसे लोग हमें फोन करें।

—गलती हो गई साहब।

—चलो एक बार तो ठीक है मगर बार-बार नहीं होनी चाहिए। अच्छा इंसान वही होता है जो बार-बार गलती न करे।

—आपने तो हमें इंसान कहकर बड़ी कृपा कर दी। एक और प्रमोशन दे दिया।

—चलो अनजाने में दे दिया सो दे दिया। हम तो हमेशा तुम्हें इंसान कहने को तैयार हैं मगर तुम झुग्गी में रहना तो छोड़ो, बच्चे ज्यादा पैदा करना तो छोड़ो, आरक्षण तो छोड़ो।

—देश छोड़ दें ?

—वाह देश छोड़कर जाओगे तो हमारे काम कौन करेगा ? तो देश तो मत छोड़ो मगर सड़क पर, बाजार में दिखना बन्द हो जाओ। हाँ पार्टियों के मेनिफेस्टो में दिखो, उससे हमें कोई एतराज नहीं। ठीक है ? ओक्के, बाई।

अच्छा है कि दुनिया आस्तिक है

खैर मैं तो नास्तिक हूँ और अभी तक नहीं सुधरा तो अब क्या सुधरूँगा मगर मैं निश्चित रूप से मानता हूँ कि यह अच्छा ही है कि दुनिया आस्तिक है। मान लो हमारी तरह बाकी दुनिया भी नास्तिक हुई होती तो न इस दुनिया में हिन्दू होते, न मुसलमान, न सिख होते, न ईसाई और न ये मन्दिर होते, न मस्जिदें होतीं, न गुरुद्वारे होते, न गिरजाघर होते और न इनके नाम पर जमीनें हथियानेवाले होते, न इनके नाम पर दंगेफसाद और युद्ध करानेवाले होते, न नाजी हुए होते, न फासिस्ट हुए होते, न आर.एस.एस. होती और न भाजपा होती और होती भी तो तब न बाबरी मस्जिद हुई होती, न रामजन्म भूमि इसलिए तब भाजपा के होने का मतलब भी न होता क्योंकि तब रथ नहीं होता और इसलिए आडवाणीजी किस पर सवार होकर खूनी यात्रा करते ! और दंगेफसाद न हुए होते तो अन्ततः भाजपा के नेतृत्व में राष्ट्रीय जनतान्त्रिक गठबन्धन की सरकार भी न बनती और जब सरकार न बनती तो इतने घपले भी न होते और जब इतने घपले न होते तो फिर 'फीलगुड' कैसे होता !

अगर आस्तिकता न होती तो धर्म न होता और धर्म न होता तो जातियाँ नहीं होतीं और जब जातियाँ नहीं होतीं तो उपजातियाँ कैसे होतीं और तब जातियों के जातियों से और उपजातियों के उपजातियों से झगड़े कैसे होते और अगर ये न होते तो अपना भारत भी तब ऐसा भारत कहाँ होता और हम भी ऐसे भारतीय तब कैसे होते ! जातियाँ न होतीं तो ब्राह्मण न होते और ब्राह्मण न होते तो फिर बनिये भी काहे को होते और फिर क्षत्रिय भी क्योंकर होते और शूद्र भी तब क्यों होते ? और जब शूद्र ही न होते तो उच्चवर्णीय हिन्दू बिचारे किससे छूआछूत बरतते ? उन्हें तब कितनी छटपटाहट, कितनी वेदना होती ? और अगर उन्हें वेदना मिलती तो वे दुनिया में भारत का नाम तब कैसे करते ? फिर कौन याद रखता कि भारत जगतगुरु है। ये बात जब हमें ही याद नहीं रहती तो हम दूसरों को इसकी याद कैसे दिलाते ?

आस्तिकता न होती तो धर्म न होता और धर्म न होता तो ब्राह्मण न होते और ब्राह्मण न होते तो संस्कृत न होती और संस्कृत न होती तो देवभाषा क्या होती ? देवता बिचारे किस भाषा में आपस में संवाद करते और वे संवाद न करते तो हमें यह भाषा वे कैसे दे पाते ? संस्कृत न होती तो मार-तमाम मन्त्र न होते और मन्त्र न होते तो पूजा-पाठ कैसे होता और पूजा-पाठ न होता तो फिर बिचारे ब्राह्मण क्या करते ? क्या

वे मेहनत-मजदूरी करते ? आखिर वे कैसे कमाते ? कैसे खाते ? भीख माँगने का महत्व वे कैसे स्थापित करते ? सत्यनारायण आदि की कथाएँ पैदा करके धार्मिक जनों को डराते कैसे ? और देशभर की इंच-इंच जमीन पर तब मन्दिर कैसे बनते ? और मन्दिर न बनते तो भारत माँ की गोद कैसी सूनी-सूनी लगती न !

मन्दिर न होते तो प्रसाद न होता और प्रसाद न होता तो फिर भला भक्त क्योंकर होते और जब भक्त ही न होते तो भाईसाहब इससे क्या फर्क पड़ता कि भगवान हैं या नहीं हैं ? और हैं तो निराकार हैं या साकार हैं या मन्दिर में हैं या मस्जिद में हैं या गुरुद्वारे में उनका निवास है या उनका नाम ईश्वर है या खुदा है या गॉड है ?

आस्तिक न होते तो भारत समेत कई देशों की अर्थव्यवस्थाएँ ढह जातीं क्योंकि तब धर्मरूपी विशाल उद्योग कैसे पनपता ? तब न बड़े-बड़े पंडे-पुजारी होते, न उनके राजा-महाराजाओं को भी मात करनेवाले ठाठबाट होते, न उन्हें मुफ्त का माल मिलता, न उनके बिना बात कोई पैर छूता, न उनसे कोई आशीर्वाद लेता, क्योंकि उन्हें खुद ही तब दिनरात आर्शीवाद लेने की जरूरत रहती। न तब धार्मिक कही जानेवाली फिल्में बनतीं, न सीरियल बनते, न कानफोडू संगीत के कैसेट बनते, न 'आस्था' आदि चैनल खुलते, न तीर्थयात्राएँ होतीं और न उनके नाम पर लूट होती ! धर्म न होता तो दिनभर कालाबाजारी, चोरी, डकैती, हत्या, बेईमानी करनेवाले किस प्रभु की शरण में जाते और कौन उन्हें आशीर्वाद देता कि बेटा तू जो दिनभर करता रहा वह भी ठीक है और यहाँ अब मेरी शरण में आ गया है तो यह भी ठीक है।

धर्म है तो मन्दिर है और धर्म है तो मस्जिद है और मन्दिर की जगह मस्जिद और मस्जिद की जगह मन्दिर बनाने का कारोबार है, लड़ने-झगड़ने का एक सुन्दर बहाना है, खून बहाने के सर्वसुलभ अवसर हैं वरना दुनिया कितनी शान्त-शान्त होती ! लगता ही नहीं कि दुनिया है। धर्म है तो उसके बहाने कम से कम मारने-काटने के सुनहरे अवसर तो हैं। लगता तो है कि इस धरती पर कलयुग के बावजूद धर्म बचा हुआ है बल्कि सच तो यह है कि उसी के कारण बचा हुआ है। इस तरह धर्म के बचे होने से मन को कितनी शान्ति मिलती है ? अहा ! क्या मस्त शान्ति है न ! यही शान्ति सीधे-सीधे ढँग से अपने आप मिल जाए तो क्या फायदा ? तब लगता कि मुफ्त का माल है। और मुफ्त के माल की इज्जत नहीं होती।

इसीलिए मैं कहता हूँ कि भले ही मैं नास्तिक हूँ मगर मैं यह जानता हूँ कि नास्तिक होने का कोई फायदा नहीं है। नास्तिक मन्दिर, मस्जिद, गुरुद्वारे में नहीं जाता और इसलिए धर्म के ठेकेदारों से उसका सम्पर्क नहीं हो पाता और इसलिए वह लड़ाई-झगड़े, खून-खराबे में कोई योगदान नहीं दे पाता, आर.एस.एस.—नरेन्द्र मोदी को समर्थन नहीं दे पाता, मुल्ला-मौलवियों की सुन नहीं पाता। वह प्रसाद नहीं खरीदता, अगरबत्ती नहीं खरीदता, लोबान नहीं खरीदता, पूजा-पाठ नहीं करता, पुजारियों-पंडितों का किसी भी तरह भला नहीं करता। धार्मिक चैनल नहीं देखता, उनमें विराजमान कुछ सुन्दरियों के दर्शन करते हुए उनके प्रवचन नहीं सुनता, भाजपा को सपोर्ट नहीं करता, अटलजी-आडवाणीजी

के गुण नहीं गाता बल्कि इनकी निन्दा ही करता रहता है, इनका मजाक उड़ाता रहता है। उसका कोई धर्म नहीं होता, कोई मठ नहीं होता, कोई महात्मा नहीं होता, कोई पार्टी नहीं होती, कोई संगठन नहीं होता। उसका कोई नहीं होता मगर फिर भी वह ऐसा ढीठ होता है कि होता है। वह जानता है कि वह पाप करेगा, अत्याचार करेगा, काला धन कमाएगा तो उससे कोई ईश्वर, कोई पंडा कहने नहीं आएगा कि बेटा इतना चढ़ावा तू यहाँ चढ़ा दे, ये पूजा-पाठ कर ले तो जा तेरे सात खून भी माफ हो जाएँगे। इसलिए बेहतर यही है कि आदमी धरती पर जन्म ले तो फिर नास्तिक तो न हो !

गाँव और उससे प्रेम

वे चार दशक से दिल्ली में रहते थे और जब भी जाते थे, वाशिंगटन, न्यूयॉर्क, मास्को, पेरिस, लन्दन ही जाते थे। कभी-कभी कृपापूर्वक काठमांडू या ढाका भी चले जाते थे ताकि दक्षिण एशिया की पूर्ण उपेक्षा भी न हो जाए। वे एक बार जाम्बिया भी जा चुके थे लेकिन उन्हें भारत के गाँवों के बारे में बात करने का बहुत शौक था। गाँव शब्द सुनते ही वे स्वर्गीय आनन्द में डूबकर आँखें मींच लेते और पाँच मिनट बाद आँखें खोलकर कहते, आपने क्या शब्द कहा था—गाँव। अहा, कितना सुन्दर शब्द कहा, कितना प्यारा, एकदम से राजदुलारा। एक बार फिर से कहिए तो ! अहा, वाह-वाह दिल खुश कर दिया आपने ! लेकिन उनकी सबसे बड़ी विशेषता थी कि वे गाँव कभी नहीं गए थे।

एक दिन उनके इस अतीव ग्राम-प्रेम से विगलित होकर कुछ युवक उनके पास गए और उनसे कहा कि सर आप हमारे गाँव चलिए। कच्ची सड़क से दस किलोमीटर पैदल चलने के बाद वहाँ पहुँच सकते हैं। आप चलेंगे तो आपको भारतीय गाँवों की वास्तविक स्थिति का पता चलेगा। आपका गाँव बहुत रोमेंटिक होता है। बिल्कुल लगता है कि आप मनोज कुमार की फिल्म का भाषिक अनुवाद कर रहे हैं। इसलिए चलिए।

उन्होंने विनम्रतापूर्वक कहा कि बन्धु एक तो सिद्धान्तः मैं हिन्दी नहीं बोलता, क्योंकि मैं उससे प्रेम करता हूँ और जिससे आप वास्तव में प्रेम करते हैं, उसका न इस्तेमाल करते हैं न किसी को करने देते हैं। मेरा दूसरा सिद्धान्त है कि मैं गाँव नहीं जाता। जैसे मैक्समूलर भारत आए बिना भारत से प्रेम करता था, वैसे ही मैं गाँव गए बिना गाँव से प्रेम करना चाहता हूँ। मुझे आप गाँव से प्रेम करने दीजिए और मैक्समूलर बनने दीजिए और आप गाँव में जाइए, वहाँ चाहें तो जिन्दगी भर पड़े रहिए और जो करना हो करिए, मगर मुझे बख्शिए। अच्छा नमस्ते।

लेकिन उनके नमस्ते करने के बावजूद वे ढीठ युवक नहीं माने और जिद करने लगे कि सर, गाँव तो आपको चलना ही पड़ेगा। हम आपका अपहरण करके ले जाएँगे, मगर ले जरूर जाएँगे।

उन्होंने कहा कि देखो ऐसा मत करना। मेरे पास ए. के. 47 है और मैं तुम्हें शूट कर दूँगा। फिर भी वे नहीं माने और उन युवकों ने कहा कि तब हमारी लाश आपको गाँव ले जाएगी मगर गाँव तो आपको किसी भी हालत में जाना ही पड़ेगा, सर अब।

उन्होंने कहा कि तुम लोग ज्यादा जिद करोगे तो मुझे हार्ट अटैक हो जाएगा। मैं मर जाऊँगा। उन्होंने कहा कि तब हम आपकी लाश को ले जाएँगे। हम, मगर उसे ही सही गाँव जरूर बताएँगे। मगर हम न आपको, न आपकी लाश को और न आपके भूत को छोड़ेंगे। गाँव तो ले ही जाएँगे। और यही हुआ भी, वे युवक अन्ततः उनकी लाश को गाँव ले जा पाए और उनकी लाश गाँव देखते ही काली पड़ गई !

भाषण और नदी

उन्हें भाषण देने का बहुत शौक था। वे मंच पर तो भाषण देते ही थे क्योंकि वहाँ सभी भाषण दे लेते हैं मगर वे सड़क पर, चरागाह में, श्मशान में, सार्वजनिक पेशाबघर में भी भाषण दे लेते थे। यहाँ तक कि उनसे कोई हाथ मिलाता, तो उसका हाथ तब तक नहीं छोड़ते थे, जब तक कि उनका भाषण पूरा नहीं हो जाता था। एक बार उनका भाषण पूरा होने से पहले ही एक आदमी हाथ छुड़ाकर भागा, तो वह उसके पीछे दौड़े, उसे पकड़ लाए, उसकी खूब मरम्मत की, उसे फिर से पूरा भाषण सुनाया और तब कहा कि बच्चू आगे से ऐसी गलती मत करना। मैं अच्छे के साथ अच्छा और बुरे के साथ बुरा हूँ।

वे एक दिन नदी पर गए और वहाँ नदी को भाषण देने लगे। नदी, नदी थी, सुनती रही मगर ये भी ये थे, उसे सुनाते रहे। इस बीच बरसात आ गई, नदी में बाढ़ आ गई। बाढ़ में ये बह गए, लेकिन बहते-बहते भी ये उफनते पानी को भाषण देने लगे। बाढ़ में बहता हुआ एक मुर्दा मिल गया तो उसके साथ बहते-बहते उसे भी भाषण देने लगे। अब नदी को गुस्सा आ गया। उसने इन्हें किनारे ले जाकर इतनी दूर जाकर फेंका कि इनकी हड्डी-पसली टूट गई। यह तो अच्छा हुआ कि वे इस हालत में नहीं थे कि ऑपरेशन के दौरान डॉक्टर को भाषण पिलाते, इसलिए ठीक हो गए और आजकल भी जी जान से जनता की सेवा कर रहे हैं।

फाइल और कीड़े

उन्हें फाइलें चलाने का बहुत शौक था। जब तक फाइल का वजन उनके वजन से ज्यादा नहीं हो जाता था, वे फाइल चलाते ही रहते थे।

एक दिन दफ्तर में एक कीड़े ने उन्हें काट लिया। उन्होंने कीड़े का तो कुछ नहीं किया, मगर उसके बारे में फाइल चला दी। वह फाइल चलती रही, चलती रही, कीड़े की तीस-चालीस पीढ़ियाँ इस बीच निबट गईं। धीरे-धीरे उस फाइल ने खुद एक कीड़े का रूप धारण कर लिया और इन्हें ऐसा काटा-ऐसा काटा कि ये फाइल चलाना भूलकर उस कीड़े को मारने दौड़े, मगर वह कीड़ा तो अजर-अमर था !

ये इक्कीसवीं सदी है, फिर भी

मेरे पड़ोसी विज्ञान को नहीं मानते। उनके इस दृढ़ विश्वास को आज तक कोई डिगा नहीं पाया कि यह पृथ्वी शेषनाग पर टिकी है। लेकिन अब तो मुझे भी विश्वास होने लगा है कि यह पृथ्वी किसी न किसी पर टिकी हुई जरूर है। कम-से-कम वह हिस्सा तो जरूर ही टिका हुआ है जिसमें कि भारत अवस्थित है। और यह टिका हुआ है तो मात्र घोटाले पर। मुझे तो लगता है जिस दिन इस देश में घोटाले होने बन्द हो जाएँगे यह देश, देश भी नहीं रहेगा, विदेश हो जाएगा। जहाँ जरा सा छुओ, वहीं घोटाला। मन्त्रालय में घोटाला, होटल में घोटाला, जमीन की खरीद-बिक्री में घोटाला, स्टाम्प पेपर में घोटाला, प्रतियोगिता परीक्षा में घोटाला, अध्यापकों की नियुक्ति में घोटाला, सड़क बनवाने में घोटाला, फुटपाथ तुड़वाने में घोटाला, अस्पतालों में दवाई खरीद में घोटाला, मन्दिर में घोटाला। जहाँ देखो, जिधर देखो वहीं घोटाला रूपी ईश्वर बाँसुरी बजाता हुआ विद्यमान है। और ईश्वर सामने है तो उसे प्रणाम करना ही पड़ता है। मन हो जाता है कि उसे प्रसाद भी चढ़ा दें।

घोटाले पर चूँकि यह देश टिका हुआ है, इसलिए मेरा मानना हुआ है कि देश की एकता भी इसी पर टिकी हुई है। आज की तारीख में कोई किसी से कहे कि भाई तुम बताओ कि इस देश को क्या चीज एक रखे हुए है तो वह अन्ततः इसी निष्कर्ष पर पहुँचेगा कि भाई, घोटाला ही इसे एक रखे हुए है। जयललिता और जूदेव को, दक्षिण और उत्तर को, जो चीज जोड़ती है वह है घोटाला। विरोध भाव के बावजूद कांग्रेस और भाजपा को कोई एक चीज जोड़ती है वह है घोटाला। समाजवादियों और साम्प्रदायिकों के बीच पुल का काम अगर कोई करता है तो वह है—घोटाला। मायावती और लालजी टंडन में बहन-भाई का सम्बन्ध स्थापित कराता है तो वह है घोटाला। गनीमत है कि ताजमहल बीसवीं सदी या इक्कीसवीं सदी में नहीं बना था वरना पता चलता कि यह जमीन पर नहीं घोटाले पर खड़ा है और गिरने वाला है। भाई लोग घोटाला करने के लिए ताज कॉरीडोर बना सकते हैं तो सोचिए फिर उन्हें ताजमहल बनाना होता तो ये क्या-क्या न गुल खिलाते ! और घोटाले का लाभ प्राप्त करने के लिए कितने मुख्यमन्त्री बनाए जाते और गिराए जाते !

तो मेरा दृढ़ विश्वास है कि यह देश घोटाले पर टिका हुआ है और भई अपन तो यथास्थितिवादी हैं इसलिए अपन को जब तक कोई चीज टिकी हुई रहे तो अच्छी

लगती है, गिर जाए तो मन को बुरा लगता है। फिर जहाँ देश का सवाल हो, देश की एकता-अखंडता का प्रश्न हो, वहाँ कौन कहेगा कि देश की एकता-अखंडता भंग हो जाए ! ठीक है कि भाजपा वाले ही असली राष्ट्रवादी हैं मगर हम भी कम से कम नकली राष्ट्रवादी तो हैं ही, इसलिए अगर असली राष्ट्रवादी इस देश को विखंडित करने के लिए नरसंहार करवा सकते हैं तो हम देश को एक रखने के लिए कम से कम घोटाले तो करवा ही सकते हैं। हम नरसंहार का विरोध तो कर ही सकते हैं मगर घोटाले का नहीं क्योंकि हम जानते हैं कि यह देश की एकता-अखंडता का सवाल है और हम भी अटलजी की इस बात से सहमत हैं कि देश की एकता-अखंडता के साथ कोई समझौता नहीं किया जा सकता। और आप देख रहे हैं कि अटलजी आदतन इस मामले में कोई समझौता नहीं कर रहे हैं। वे दनादन घोटाले करवा रहे हैं। खुद करने की चूँकि उनकी उम्र नहीं रही इसलिए दूसरों को छूट दे रहे हैं। दिलीप सिंह जूदेव, मान बेटा पैसे को तू खुदा मान, हम तेरे साथ हैं। अरे हम तो तेलगी घोटाला करने वाले के साथ रहे हैं तो तुझे क्यों रोकेंगे तू तो अपना है। हमारी सरकार का एक प्रतिष्ठित मन्त्री है।

इससे पता चलता है कि भारत नामक इस देश का विकास कितनी तेजी से हो रहा है। कभी देश की एकता-अखंडता का आधार धर्मों-विश्वासों, भाषाओं, बोलियों की विविधता थी, अब घोटाला हो गया है। इसलिए देश की एकता के सारे ठेकेदार खुश हैं। सब जानते हैं कि एक-दूसरे के खिलाफ ये लकड़ी की तलवारें भांज रहे हैं, बाद में किसी पाँच सितारा होटल में साथ बैठकर दारू-मुर्गे उड़ाएँगे। हँसेगे-मुस्कराएँगे, लकड़ी की तलवारें और भी कुशलता से भाँजने के लिए एक-दूसरे को तरकीबें बताएँगे, ताकि अगली बार खेल ज्यादा रोमांचक हो और जनता को ज्यादा असली लगे। लेकिन जनता भी जनता है, वो सब जानती है।

गम्भीरता और मच्छर

आखिर यह कैसे हो सकता है कि किसी भी गम्भीर आदमी को मच्छर काटते चले जाएँ और वह चुपचाप बर्दाश्त करता चला जाए? यह नहीं हो सकता।

उसने 'गुडनाइट' लगाई थी, पंखा तेज चलाया था, फिर भी रात भर मच्छर उसके पीछे पड़े हुए थे। पूरी रात उसकी बेचैनी में गुजरी थी और अब सुबह हो चुकी थी। वह इस स्थिति के लिए अपने सिवाय सभी को कोस रहा था—यहाँ तक कि ईश्वर को भी—जिसने उसे जन्म देने से पहले ही मच्छरों को भी जन्म दे दिया था। वह इतना नाराज था कि उसने एक बार तो यह तक सोचा कि इससे तो अच्छा था कि ईश्वर सिर्फ मच्छरों को ही जन्म दे देता, उसे नहीं देता, हालाँकि थोड़ी ही देर में उसने महसूस किया कि इस तरह सोचना ठीक नहीं है क्योंकि इस दुनिया में और भी बहुत कुछ है मच्छरों के काटने के गम में रोने के सिवाय। ईश्वर के बाद कोसने के क्रम में नम्बर सरकार का आया, जिसके मलेरिया उन्मूलन कार्यक्रम की असफलता के कारण ही यह विकट स्थिति उत्पन्न हुई थी। अगर करोड़ों रुपये फूँकने के बाद सरकार का यह कार्यक्रम सफल हो जाता—जो कि सम्भव नहीं था—तो आज यह स्थिति नहीं आती और उसे ईश्वर को कोसना नहीं पड़ता, जिनके प्रति उसके मन में अटूट-अपार श्रद्धा अभी-अभी तक थी। इसके बाद उसने नगर निगम को कोसा, जिसने गर्मी का मौसम शुरू होने के बावजूद उसके इलाके में मच्छरनाशक दवाओं का छिड़काव नहीं करवाया था। अन्त में उसने पत्नी को कोसा, जिसने अगर घर में बेगॉन या फ्लीट का स्प्रे कर दिया होता तो शायद इस बार इतने मच्छर नहीं पनपते, मगर वह तो इस समय इस सबसे बेखबर होकर मजे से खर्राटे ले रही थी।

उसकी पत्नी जैसे ही सुबह उठकर उसके पास आई और उसने अलसाते हुए अपना पति-प्रेम जताने के लिए उसके कन्धे पर अपना सिर रखा तो उसने अचानक पत्नी का सिर झटके से हटा दिया। जाहिर है कि इससे पत्नी को बिजली का-सा झटका लगा। फिर भी उसने शान्तभाव से ही पूछा कि क्या बात है डार्लिंग, सुबह-सुबह इतना गुस्सा क्यों हो रहे हो, तो पति ने नाराज होते हुए कहा कि सब कुछ की जड़ में दरअसल तुम हो। पत्नी ने पूछा कि किस सब कुछ की जड़ मैं हूँ, बताओ तो, उसने कुछ नहीं बताया और कहा कि तुम्हें समझ में आएगा नहीं, क्योंकि तुम्हारी अकल, तुम्हारी चमड़ी की तरह मोटी हो चुकी है।

वह सिर्फ यही एक बात दोहराता रहा कि इसके लिए तुम और सिर्फ तुम जिम्मेदार हो। अन्त में जैसाकि फिल्मों में भी होता है—यह बात खुली कि रात भर पति महोदय को मच्छर ने काटा था, फिर भी पत्नी महोदया मजे से सोती रहीं और उसे यह बात अच्छी नहीं लगी। वह पूछना चाहता था कि तुम्हारे प्रसिद्ध पतिव्रत धर्म को तब क्या हो गया था ?

पहले तो पत्नी ने उसे गम्भीरता से नहीं लिया, जैसे कि वह घर में शान्ति बनाए रखने के लिए अमूमन किया करती थी। उसका विश्वास था कि उसका पति अक्सर यूँ ही बकवास किया करता है और उसकी बातों को गम्भीरता से लेने की बजाय उन्हें मजाक में उड़ा देना श्रेयस्कर है। वह इस समय भी अपने पति की बात को मजाक में उड़ाना चाह रही थी, क्योंकि उसके साथ भी कई बार ऐसा हुआ था कि मच्छरों के काटने के कारण वह सारी-सारी रात सोई नहीं थी और पति महोदय खर्राटे लेते रहे थे। इसके बावजूद उसके मन में पति के पत्नीव्रत धर्म के बारे में कोई सवाल नहीं उठा था, तो अब इनके मन में क्यों उठ रहा है। तो उसने कहा कि डार्लिंग ऐसा हो जाता है कभी-कभी, शिकायत करना छोड़ो और आओ मुझे प्यार करो। मुझे सुबह-सुबह प्यार की सख्त जरूरत है और उससे मेरा सारा दिन अच्छा गुजर जाएगा। आओ प्यार करें, इस नाम की एक मजेदार फिल्म भी आई थी डार्लिंग, तुमने देखी थी क्या ?

लेकिन जब पत्नी ने पति को गम्भीरता से लेने से मना कर दिया तो पति ने चीखना शुरू कर दिया। वह चीखा तो उसकी पत्नी भी चीखने लगी और अन्ततः कमरे का दरवाजा ज़ोर से भेड़ते हुए धम्म-धम्म करती हुई बाहर चली गई। इसके पन्द्रह मिनट बाद उसके सामने चाय का प्याला ऐसे पटककर वह चली गई, जैसे वह उसका पति न होकर कोई बिन बुलाया मेहमान हो।

इससे वह बेहद आहत हुआ—जो कि अक्सर वह हो जाता था—लेकिन वह स्वभाव से गम्भीर था। उसने दूसरों की तरह गम्भीरता ओढ़ नहीं रखी थी, इसलिए इस घटना के बावजूद उसकी गम्भीरता में कोई कमी नहीं आई। उसने मच्छरों के बढ़ते प्रकोप के बारे में सम्पादक के नाम एक पत्र लिखा। मामला चूँकि गम्भीर था और गम्भीरता चूँकि अंग्रेजी में ही अच्छी तरह प्रकट हो सकती है, इसलिए उसने डेढ़ पृष्ठ का एक पत्र सम्पादक के नाम अंग्रेजी में लिखा, जिसमें मच्छरों की समस्या के गम्भीर होने को बाकायदा एक गम्भीर सैद्धान्तिक विवेचन में बदल दिया गया था। देश और भारतीय समाज के सन्दर्भ में इसकी गम्भीर विवेचना करते हुए पत्र में कहा गया था कि अगर स्थिति इतनी दुर्भाग्यपूर्ण हो चुकी है कि 'गुडनाइट,' 'आल आऊट 'वगैरह-वगैरह टिकियाओं, बेगॉन स्प्रे, कछुआ छाप अगरबत्ती, मच्छरदानी और तेज पंखे के बावजूद भारतीय मनुष्य को मच्छर काटते चले जा रहे हैं तो यह मानने का कोई कारण नहीं है कि इस देश में जनतान्त्रिक व्यवस्था का स्वास्थ्य ठीक-ठाक है। जो व्यवस्था इस देश के प्रतिष्ठित नागरिकों को मच्छरों से सुरक्षित नहीं रख सकती, वह वास्तव में सड़ चुकी है। अन्त में निष्कर्ष था कि इस व्यवस्था से तो अव्यवस्था भली और ऐसी आजादी

से तो गुलामी भली। जिस देश में जनतन्त्र की जगह मच्छर पनप रहे हों, उस देश का भविष्य अन्धकारमय है क्योंकि इस वातावरण में रहकर किसी भी गम्भीर व्यक्ति के लिए कुछ भी सार्थक कर सकना नामुमकिन है। जब किसी देश के गम्भीर लोगों के लिए गम्भीरता से काम करना मुश्किल हो जाए, तो निश्चित रूप से अगम्भीरता को पनपने का मौका मिलता है, जिसके नतीजे उस देश और उसकी संस्कृति को सदियों तक झेलने पड़ सकते हैं। यह स्थिति भारत के सन्दर्भ में विशेषकर इसलिए अधिक दुखद है कि यहाँ की संस्कृति अत्यन्त प्राचीन और महान है और ऐसी संस्कृति का अधःपतन मच्छरों के कारण हो रहा है और देश के शासक चैन की नींद सो रहे हैं, यह अपने आप में विडम्बनापूर्ण और हास्यास्पद है।

अंग्रेजी के अखबारों के सम्पादकों को भी अब गम्भीरता ज्यादा रास नहीं आती और खासकर मच्छरों को गम्भीरता से लेना उन्हें कतई गवारा नहीं, इसलिए उस अखबार के सम्पादक ने उस पत्र को छापना उचित नहीं समझा और जाहिर है कि उसे रद्दी की टोकरी में फेंक दिया।

हारकर उसने उस पत्र की दूसरी प्रति दूसरे अखबार के सम्पादक को भेजी। उसने सम्पादक से फोन करके भी आग्रह किया कि मच्छर-समस्या पर वह एक अत्यन्त गम्भीर पत्र भेज रहा है--जैसा समाचारपत्रों के इतिहास में कभी न छपा होगा। अतः वे एक गम्भीर व्यक्ति और एक गम्भीर सम्पादक होने के नाते अपने सम्मानित समाचार पत्र में उसे स्थान अवश्य दें।

और सम्पादक ने उसे स्थान तो अवश्य दिया मगर उस पत्र की समस्त गम्भीरता को विनष्ट करते हुए उसके नाम से जो पत्र छापा, वह कुल तीन पंक्तियों का था–''श्रीमान हमारे क्षेत्र में मच्छरों की भरमार हो गई है जिससे इस क्षेत्र की जनता त्रस्त है। लोग रात-रातभर सो नहीं पाते, फिर भी नगर निगम ध्यान नहीं दे रहा है। अगर स्थिति यही बनी रही तो यहाँ गम्भीर रूप से मलेरिया फैलने का खतरा है।''

पत्र में सिवाय 'गम्भीरता' शब्द के बाकी शब्द उसके नहीं थे। उसने अपने क्षेत्र और उसकी जनता का कोई उल्लेख अपने पत्र में नहीं किया था। इसलिए जब यह पत्र उसके नाम से छपा तो वह आगबबूला हो गया और उसने अपना सिर दीवार से ठोंक लिया जिससे थोड़ा-सा खून भी निकल आया। जब पत्नी उसे सांत्वना देने आई तो वह रो पड़ा कि मेरे नाम से इतना घटिया पत्र छापकर उस सम्पादक ने मेरी गम्भीरता और प्रतिष्ठा को एकसाथ क्षति पहुँचाई है और मैं इसके खिलाफ एक करोड़ रुपये का मानहानि का मुकद्दमा ठोंक दूँगा। खैर पत्नी ने उसे समझाया कि घबराओ मत, इससे तुम्हारी गम्भीरता और प्रतिष्ठा समाप्त नहीं होगी। लेकिन दरअसल वह कहना यह चाहती थी कि न तुम गम्भीर हो और न तुम्हारी कोई प्रतिष्ठा है, इसलिए चिन्ता छोड़ो, तुम्हारा कुछ भी नष्ट नहीं होगा। हो सकता है कि नगर निगम वाले दवाई छिड़कने आ जाएँ। मगर पत्नी के सामने विवाह जैसी पवित्र, भारतीय और प्राचीन संस्था की रक्षा का सवाल मुख्य था, इसलिए इस संस्था के व्यापक एवं अखिल भारतीय हित में वह

मौन रही। लेकिन वह नहीं माना और अन्ततः वह पत्नी से इस मुद्दे पर झगड़ पड़ा, इसके बावजूद कि उस भारतीय नारी ने अपने मन की बात कही ही नहीं थी। पति ने उस दिन गुस्से में खाना नहीं खाया।

लेकिन आश्चर्य कि तीसरे दिन क्षेत्र में धुआँ-गाड़ी आई और मच्छरनाशक धुआँ छोड़ती हुई चली गई। उस धुएँ के बीच ही वह उत्साहपूर्वक घर से बाहर दौड़ता हुआ आया, लेकिन कुछ देर तक उसे अपनी इस सफलता के बारे में बताने के लिए अपने पड़ोसियों के आने का इन्तजार करना पड़ा, जो कि धुएँ के कारण घर में दुबके हुए थे। उसे जब पहला पड़ोसी दिखाई दिया तो उसने उसे यह जानकारी दी कि उसने अंग्रेजी के एक लब्धप्रतिष्ठित दैनिक में अपने क्षेत्र के मच्छरों के सम्बन्ध में संक्षिप्त और 'टू द पाइंट' पत्र लिखा था, जो कि फलाँ दिन छपा था और यह उसी का चमत्कार है कि आज गाड़ी आ गई है। अब मैं समझता हूँ कि हमें मच्छरों से कम से कम इस मौसम में तो मुक्ति मिल जाएगी। उसने एक के बाद दूसरे और दूसरे के बाद तीसरे और तीसरे के बाद चौथे पड़ोसी को अपनी इस 'महान' उपलब्धि के बारे में बताया और जब तक उन सभी ने उसे इस बात का अहसास नहीं करा दिया कि उसे पागल समझा जा रहा है, तब तक उसने अपना प्रयास नहीं छोड़ा।

ज्यादातर पड़ोसी हालाँकि अंग्रेजी का वही अखबार पढ़ते थे, मगर वे इतने गम्भीर भी नहीं थे कि मच्छरों की बढ़ती तादाद के बारे में पत्र छपे और वे उसे पढ़ें। इससे उनकी गम्भीरता के स्तर का पता चलता है। इसीलिए उन्होंने उसके कथनों की गम्भीरता पर कोई ध्यान नहीं दिया और धुआँ गाड़ी आने को एक प्राकृतिक-स्वाभाविक-सामान्य प्रशासनिक घटना समझा। जब उसने अपने दावे को ज्यादा गम्भीरतापूर्वक रखने की कोशिश की तो एक पड़ोसी ने दावा ठोंक दिया कि यह गाड़ी दरअसल उसके प्रयत्नों का परिणाम है। उसने बताया कि उसने अपने बालसखा महापौर को फोन करके कल शाम ही कहा था कि क्या मित्र, तुम महापौर बन गए, मगर मच्छर हमें काट रहे हैं तो उसने आश्वासन दिया कि धुआँ गाड़ी निश्चय ही कल पहुँच जाएगी और देखिए वह आज पहुँच गई। इस पर उसने कहा कि हो सकता है कि आपका दावा भी सही हो, मगर मैंने जो किया है, उसका तो लिखित प्रमाण अखबार के पृष्ठ छह पर मौजूद है और यह रहा वह प्रमाण। इतना कहकर उसने उस दिन के अखबार का वह पृष्ठ खोलकर दिखा दिया। दौड़ते हुए-आने के बावजूद वह प्रमाण साथ लाना नहीं भूला था। लेकिन एक तो सुबह हो चुकी थी और इस समय किसी को मच्छर नहीं काट रहे थे और ऊपर से धुआँ गाड़ी भी आ चुकी थी, इसलिए उस अखबार को देखने में किसी की कोई दिलचस्पी नहीं रह गई थी।

पता नहीं उसकी पत्नी को अपने पति की इस घोर पराजय का पता कैसे लगा। उसने अपने पति का स्वागत व्यंग्य से मुस्कराते हुए किया।

लेकिन जैसाकि अमूमन होता है दवा छिड़कने के एक हफ्ते बाद ज्यादा शक्तिशाली ढंग से उस क्षेत्र के लोगों ने मच्छरों की उपस्थिति को महसूस किया। मगर गनीमत

थी कि किसी ने—यहाँ तक कि उसकी पत्नी ने भी—उसके इस दावे का मजाक नहीं उड़ाया था कि सिर्फ एक बार मच्छरमार धुएँ की गाड़ी आ जाने से इस पूरे मौसम में इस क्षेत्र के लोगों को मच्छरों से मुक्ति मिल जाएगी। इसका मतलब यह भी था कि किसी को भी—यहाँ तक कि उसकी पत्नी को भी—उसके सप्ताह भर पहले के योगदान का स्मरण नहीं था। उसे यह बात अच्छी नहीं लगी, मगर उसने अपना दुख किसी से नहीं कहा। उसे मन में ही रखा।

अब वह गम्भीरतापूर्वक मच्छरों को बर्दाश्त करना सीख चुका है। हर साल मच्छर आते हैं और चले जाते हैं। लेकिन वह न तो अब पत्नी को कोसता है और न ईश्वर को और न सम्पादक को पत्र लिखता है। उसके पड़ोसी मानते हैं कि वह समझदार हो चुका है, हालाँकि उसकी पत्नी ऐसा नहीं मानती। शायद उसे इसमें शक है। इसलिए जब भी कोई उसके सामने उसके पति की प्रशंसा करने लगता है तो वह रहस्यमय ढँग से चुप लगा जाती है।

कुर्सी और कुर्सीवाले

कुर्सी ऐसी चीज है कि उसे खाली देखते ही आदमी का उस पर बैठने को मन करता है। मेरे एक साथी हैं। उनके पास अपनी एक शानदार कुर्सी है मगर उनकी नजर हमेशा दूसरों की कुर्सी पर रहती है और उस पर बैठने को उनका मन लगातार ललचाता रहता है और मौका पाते ही वे किसी न किसी बहाने दूसरों की कुर्सी पर बैठ जाते हैं। उन्हें थोड़ी देर में उठना पड़े या दूसरे उन्हें डाँटकर उठा दें मगर वे बैठे बगैर मानते नहीं हैं–भले ही वह उनके दफ्तर के क्लर्क या चपरासी की कुर्सी क्यों न हो। वह हमेशा यही कहते मिलते हैं कि मजा तो इस कुर्सी में है और हताशा के स्वर में कहते हैं–किस्मत है अपनी-अपनी वरना यह कुर्सी हमें मिली होती।

कुर्सी पर बैठने का भी सबका अपना-अपना तरीका होता है। मेरे एक बॉस हुआ करते थे। वह हमेशा अपनी कुर्सी पर इस तरह बैठते थे कि जैसे बस अब उठने ही वाले हैं और हमारे लिए उसे खाली करनेवाले हैं। वे अपने हर मातहत को अलग से बुलाकर उसके कान में फुसफुसाकर उसे इस मुगालते में रखते भी थे कि बस यह कुर्सी तुम्हारी होनेवाली है। लेकिन अभी किसी को बताना मत, वरना सब गड़बड़ हो जाएगा। कई इस मुगालते में खड़े ही रह गए कि ये अब उठेंगे, मगर वे बरसों बाद भी उसी कुर्सी पर उसी तरह और उसी शैली में जमे हुए हैं। उन्होंने अपने लिए इससे ऊँची दूसरी कुर्सी की व्यवस्था भी कर ली है। उस पर तो वे जमे ही हुए हैं मगर इस कुर्सी को भी उन्होंने नहीं छोड़ा है। कोई कहता है कि जब इससे ऊँची कुर्सी मिल गई है तो इसे अब काहे नहीं छोड़ते हैं ? उस पर बैठा कीजिए न ! त ऊ बोलते हैं जबर्दस्ती छोड़ें का ? हमरा भी तो एक बॉस है। वह कहता है कि इस पर भी बैठो और उस पर भी बैठो। हुक्मउदूली करके अपनी दोनों कुर्सियों को खतरे में डालें का ! हमारा मन थोड़े ही है। हम तो बीस बार कह चुके कि दो-दो कुरसियाँ हमसे नहीं सँभलेंगी मगर ऊ मानते नहीं, इतना ज्यादा उनको हम पर बिस्वास है। कहते हैं कि आपके अलावा इस कुर्सी को कोई सँभाल ही नहीं सकता तो का करें–मन मारकर बैठे हैं। हमने तो कहा था कि इनको बैठा दो या इनको नहीं तो उनको बैठा दो मगर वे मानते नहीं। मुफ्त में हमारी जान के पीछे पड़े हैं। बड़ों को छोटों पर दया थोड़े ही आती है !

कुछ दूसरी प्रजाति के लोग भी होते हैं। वे कुर्सी पर भरत स्टाइल में बैठते हैं यानी चरण पादुका राम की रखते हैं और राज खुद चलाते हैं। कहते हैं भैया की चरण पादुका

रखी है और राज भी भैया का ही है मगर मुगालता चरण पादुका को हो तो हो, किसी और को नहीं होता कि राज दरअसल उन्हीं का चल रहा है। पादुका की भूमिका बस इतनी है कि उसे छोटा भैया ले आया है कि सिंहासन पर रखेंगे और उधर राम की भार्या को चूँकि रावण ले गया होता है इसलिए राम वन-वन, जंगल-जंगल नंगे पाँव घूम रहे होते हैं। उधर पादुका राज चल रहा होता है।

कुछ दूसरी तरह के लोग कुर्सी पर इस तरह जमकर बैठते हैं कि जैसे कभी उठेंगे ही नहीं। शा0म हो जाए या रात, भूकम्प आ जाए या तूफान मगर जमे रहेंगे। लेकिन वे ऊँची या नई या घुमावदार या फायदेमन्द कुर्सी मिल जाने पर इस फुर्ती से उठकर उसे लपकते हैं कि जैसे उन्हें अपनी इस पुरानी कुर्सी से कभी कोई मोह था ही नहीं। लेकिन वे उठने से पहले किसी को इस बात का अहसास नहीं होने देते कि वे भी कभी इस कुर्सी से उठ सकते हैं। वे हमेशा यही अहसास दिलाते रहेंगे कि वे इसी के लिए बने हैं और बने रहेंगे। इसलिए उनकी कुर्सी पर कोई नजर नहीं रखता और जिस क्षण वह अचानक खाली होती है तो बाकी सब उसकी तरफ इस तरह लपकते हैं कि जैसे उस जैसी कोई और कुर्सी न हो। वे भूल जाते हैं कि इस पर बैठनेवाले को तो पता ही था कि उसे कब इससे उठकर दूसरी पर बैठना है, इसलिए वह उठने से ठीक पहले अपनी इस कुर्सी पर इतनी कीलें और इतने काँटे बो चुका है कि जो-जो इस पर बैठता है उसको ये चुभते हैं। ऐसी कुर्सी पर बैठनेवाला वही फायदे में रहता है जो सबसे अन्त में बैठता है या कहें कि बिठाया जाता है। तब तक सारे काँटे दूसरों के हिस्से में आ चुके होते हैं और कुर्सी पहले की तरह आरामदेह हो चुकी होती है।

कुछ लोगों को कुर्सी पर बैठने का शौक नहीं, उसे तोड़ने का होता है। वे तोड़ने के लिए कुर्सी पर बैठते हैं। उन्हें हमेशा अपनी बुनियादी जिम्मेदारी का अहसास रहता है कि उन्हें कुर्सी के साथ क्या सुलूक करना है। समझदार आदमी उनसे मिलकर ही यह समझ जाता है कि यह शख्स किस भाव से बैठा है और जो समझ नहीं पाता, वह भुगतता है। कुर्सी चूँकि न उनकी होती है और न उनके बाप की, इसलिए वे उसका इस तरह इस्तेमाल करते हैं कि वह जल्दी से जल्दी टूटे ताकि जिसके भी बाप के पैसे से यह कुर्सी आई है, उसे यह अहसास रहे कि यह तो हमारा घनघोर वफादार आदमी है। यह अपनी कुर्सी छोड़कर इधर-उधर नहीं जाता (भले ही इस पर बैठकर कुछ न करता हुआ लगता हो।), इसीलिए तो बेचारे की कुर्सी इतने कम समय में टूट गई और दूसरों की अभी तक नई की नई रखी है। इसलिए जिनकी या जिनके बाप की कुर्सी उसने तोड़ दी है, वे इसे उसकी वफादारी का पुख्ता सबूत मानकर इसकी एवज में उसे एक नई और पहले से ज्यादा आरामदेह कुर्सी लाकर दे देते हैं, ताकि उसे वह और जल्दी तोड़ सके। साथ ही कुर्सी के नीचे एक और गद्दा भी लगवा देते हैं ताकि उसे और ज्यादा आराम रहे। जितनी आरामदेह कुर्सी होती है, उतनी ही जल्दी उसे उस पर बैठनेवाला उसे तोड़ने में व्यस्त हो जाता है क्योंकि उसे पता चल चुका होता है कि तोड़ने के बाद कुर्सियाँ और भी हैं और ज्यादा आरामदेह हैं।

कुछ लोग कुर्सी के लिए जस्टफिट होते हैं। उनकी कदकाठी देखकर यह समझ में नहीं आता कि कुर्सी उनके लिए बनाई गई है या वे कुर्सी के लिए बनाए गए हैं। कुर्सी और वे एकमेक होते हैं। उन्हें देखकर उनकी कुर्सी की और कुर्सी को देखकर उनकी याद आती है। वे जहाँ जाते हैं, अपनी कुर्सी के साथ जाते हैं। यहाँ तक कि वे बाथरूम भी इस स्टाइल से जाते हुए लगते हैं कि जैसे वे कुर्सी समेत जा रहे हैं। वे चलते हैं तो भी ऐसा लगता है कि बैठे हैं और कुर्सी उनके चूतड़ों के नीचे चलायमान है।

कुछ लोग ऐसे होते हैं कि वे न कुर्सी पर बैठ पाते हैं और न कुर्सी से उठ पाते हैं। वे बैठते ही उठने लगते हैं और उठते ही उन्हें कुर्सी इतनी ज्यादा खतरे में लगने लग जाती है कि वे तुरन्त बैठ जाते हैं। कुछ लोग ऐसे होते हैं कि वे कुर्सी पर कभी नहीं बैठते। हमेशा दूसरे उनकी कुर्सी पर बैठे होते हैं। मगर जब भी पूछो तो पता चलता है कि वे ही अपनी कुर्सी पर बैठे हैं। वे अदृश्य होकर भी दृश्य होते हैं और दृश्य होकर भी अदृश्य रहते हैं। उन्हें सिर्फ अपने तीसरे नेत्र से ही कोई कुर्सी पर बैठा हुआ देख सकता है लेकिन जरूरी नहीं कि हरेक के पास वह दृष्टि हो। कई बार ऐसे सज्जन कुर्सी पर न बैठकर कुर्सी के सामने टाँगें फैलाकर बैठे मिलते हैं और कुर्सी पर कोई और बैठा होता है जिसकी टाँगें हैं या नहीं, इसका पता भी नहीं चलता। जो कुर्सी पर बैठे होते हैं वे वास्तव में सामने बैठे सज्जन के लिए टेलीफोन आपरेटर का काम करते हैं यानी उनके लिए टेलीफोन करते हैं और उनके पी.ए. का काम करते हैं—सामनेवाले साहब के कहने पर फाइल पर हस्ताक्षर करते हैं या नहीं करते हैं।

कुछ कुर्सियाँ इतनी भारी और इतनी मजबूत होती हैं कि उन पर कितना ही हल्का आदमी बैठे, उन पर से गिरता नहीं और न ही कुर्सी गिरती है। लेकिन कुछ कुर्सियाँ आदमी के वजन के अनुसार आचरण करती हैं। हल्का हो तो गिरा देती हैं और भारी हो तो स्थिर रहती हैं। इसलिए हल्के आदमियों को जब ऐसी कुर्सियाँ मिल जाती हैं तो उन्हें सँभलकर बैठना होता है।

ऐसे लोग इस देश में कम हो चले हैं जिनसे कुर्सी की शोभा बढ़ती है और कुर्सी के कारण उनकी नहीं, जो हमेशा कुर्सी से बड़े दिखाई देते हैं, छोटे नहीं। कुर्सी से छोटे लोगों की ट्रेजेडी यह होती है कि जब वे कुर्सी पर नहीं होते तो वे, उतना भी नहीं रह पाते, जितने कि वे कुर्सी पर बैठने से पहले थे। वे इतने दयनीय हो जाते हैं जितने वे कभी नहीं थे, क्योंकि कुर्सी उनके पीछे से हट चुकी होती है।

सम्पादक की आवश्यकता है

एक प्रतिष्ठित मीडिया-समूह को एक ऐसे सम्पादक की आवश्यकता है जिसे कुछ न करके भी सतत प्रगति करते रहने का विस्तृत, सघन और व्यापक अनुभव हो मगर साथ ही जिसे मालिक के आगे दंडवत करने, नेताओं-मन्त्रियों के पैर छूने और अधिकारियों के दर्शन करने में पूर्ण महारत हासिल हो। जिसे अच्छी तरह हीं-हीं, हें-हें, हूँ-हूँ, हाँ-हाँ करके अपना और हमारा उल्लू सीधा करना आता हो। जो अपने कक्ष में अश्लील चुटकुले सुनाता हो और मंच पर नैतिकता के अधःपतन पर आँसू बहाता हो। जिसे भ्रम न हो कि उसके पास एक अदद दिमाग है और अगर भ्रम है भी तो उसे यह अच्छी तरह पता हो कि अखबार के दफ्तर जैसे पवित्र स्थान पर दिमाग लेकर आना पूर्णतः वर्जनीय होता है। जो प्रेस की स्वतन्त्रता का मतलब यह निकालता हो कि इसका अर्थ सरकार और मालिकों की स्वतन्त्रता है। जो वक्त आने पर रबर से भी ज्यादा नमनीय और बर्फ से भी ज्यादा गलनीय साबित हो सके। जिसके पास डिग्री भले फर्जी हो मगर मानपत्र असली हों। जिसके जूते से पैंट तक और पैंट से कच्छे तक, शर्ट से बनियान तक और बनियान से चश्मे तक सब कुछ प्रायोजित हो और जिसका पान तक उसके रिपोर्टर लेकर आते हों।

जो एक ज्योतिषी को दाहिना हाथ दिखाते हुए दूसरे की ओर बायाँ हाथ बढ़ा देता हो और तीसरे को जेब में हमेशा पड़ी रहनेवाली कुंडली दे देता हो। जो टाई की नॉट के ठीक नीचे ताबीज बाँधता हो और घड़ी के पट्टे के नीचे गंडा। जिसके सिर पर तिलक और मुँह पर गालियाँ विराजती हों, जो अपनी आठों अँगुलियों में अँगूठियाँ पहनता हो और तान्त्रिकों से पूछता रहता हो कि क्या महाराज मैं आनेवाले संकट से बचने के लिए दोनों अँगूठों में भी अँगूठियाँ पहनने लगूँ ? जो वास्तुशास्त्रियों के कहने पर घर में सदैव तोड़-फोड़ कराता रहता हो और दुश्मनों का नाश कराने के लिए चौराहे पर नींबू काटकर रखवाता रहता हो। जो केसरिया भी हो जाए और तिरंगा भी, जो हरा भी हो जाए और नीला भी। और जो जब केसरिया हो तो ऐसा कि काली टोपीवाले भी शरमा जाएँ और नीला हो तो ऐसा कि आसमान भी उसका नूर देखता रह जाए। जो गीदड़ को शेर और शेर को गीदड़ नजर आए। जो इतना डरपोक हो कि चूहा हो और इतना बहादुर हो कि चूहा हो। जो इतना विचारवान हो कि भेड़ हो और जो इतना विचारहीन हो कि भेड़ हो। जो इतना घिनौना हो कि मक्खियाँ उसके पास फटकने से

कतराएँ और जो इतने साफ-सुथरे कपड़े पहनता हो कि डिटरजेंट बेचनेवाले उसे अपना मॉडल बनाने को तरस जाएँ।

कुल मिलाकर सम्पादक ऐसा हो कि मालिक को लगे कि यह सिर्फ मेरा है और मन्त्री को लगे कि यह तो मेरा बछेरा है। अफसर को लगे कि यह मेरा टट्टू है और ईमानदार को लगे कि यह मेरा बजरबट्टू है। जो न मनुष्यों में गिनने लायक हो, न जानवरों में लेकिन घास खिलाओ तो घास खा ले और खीर खिलाओ तो उसे ऐसा गटकता चला जाए कि लगे कि माँ के पेट से खीर खाते-खाते ही जन्मा है। जो रंग बदले तो गिरगिट घबरा जाएँ और पूँछ हिलाए तो कुत्ते मुँह फेरकर दूर चले जाएँ। जिसकी रीढ़ की हड्डी न हो मगर इशारा मिलने पर वह ऐसा तने जैसे पेड़ का तना हो और झुके तो इतना और ऐसा झुकता चला जाए कि विश्वास ही न हो कि यह रीढ़युक्त प्राणी है और इसकी नस्ल वही है जो कि आदमी की होती है।

हमें मालूम है कि ऐसे सम्पादक एक ढूँढ़ो तो हजार मिल जाते हैं इसलिए हम सम्पादक का चुनाव लाटरी से करेंगे और जो लाटरी निकालने में भी घपला करके दिखाएगा, उसी को हम वहीं और उसी समय नियुक्तिपत्र दे देंगे। शुभस्य शीघ्रम।

भले प्रकाशक, अच्छे लेखक

वह था तो हिन्दी का प्रकाशक मगर था बहुत भला। इतना ज्यादा भला था कि क्या कहें। बिना माँगे अपने आप लेखक के पते पर रायल्टी का चैक पहुँचा देता था। सितम्बर आया नहीं कि उसका चैक लेखक के पास पहुँचा नहीं। किताबें चाहे उसने लेखक की दर्जन भर छाप रखी हों मगर जो वो पहले साल से तीन सौ रुपये का चेक भेजना शुरू करता था तो लेखक के जीवन के लास्ट मोमेंट तक वही देता चला जाता था। बल्कि सच तो यह भी है जी कि लेखक के मरने के एक साल बाद भी वह लेखक के परिवार के साथ पूर्ण सहानुभूति का प्रदर्शन करते हुए उसे तीन सौ रुपये का चेक बिना याद दिलाए पहुँचा देता था।

तो जी इस प्रकार आप खुद ही समझ गए होंगे कि वो कितना भला था पर जी एक बात स्पष्ट कर दूँ कि वो था बड़ा प्रकाशक, वरना जी इतना नियमी-धरमी नहीं हो सकता था। और ऐसा भी नहीं जी कि उसका चैक तीन सौ रुपये का ही आता था। कभी-कभी ऐसी भी सुखद स्थितियाँ पैदा हो जाती थीं कि वो 327 रुपये का या तीन सौ पचास रुपये तक का चैक भी भेज देता था और जिस वर्ष भी ऐसा होता था लेखक बहुत खुश हो जाता था। वो समझने लगता था कि एक तो ये उसकी असन्दिग्ध लोकप्रियता का प्रमाण है और दूसरा यह कि वह प्रकाशक की नजरों में भी कुछ चढ़ गया है। इस खुशी में वो उसी दिन अपने बैंक से 200 रुपये निकालता था और एक बोतल दारू और चना-चबैना लाता था, अपने लेखक साथियों को बुलाता था, मजे करता था और प्रकाशक के गुण गाता था।

तो जी एक तो इस प्रकार का भला-सा प्रकाशक था। दूसरा प्रकाशक भी भला ही था मगर उसके सिद्धान्त दूसरे थे। वो वार्षिक रायल्टी देने के लफड़े में नहीं पड़ता था। उसका कहना था कि भई लेखक, मैं तुझे हर साल तीन सौ रुपये ही देता चला जाऊँगा तो तुझे हर साल दुख होगा और तू हर साल मुझे गाली देते हुए कहेगा कि ये प्रकाशक चोर है बल्कि किसी-किसी साल तो तू यहाँ तक सोचेगा कि प्रकाशक का चैक उसे वापस कर दूँ ताकि मेरे नहीं तो उसके बच्चे ही ढँग से पलें-बढ़ें। वह भी तो अपना ही भाई है और हिन्दी की सेवा कर रहा है। लेकिन ऐसे में होगा क्या कि लेखक तो प्रकाशक को सधन्यवाद चैक वापस भेज देगा मगर प्रकाशक का भी तो कोई स्वाभिमान होता है इसलिए जी वो चैक वापस नहीं लेगा और इस प्रकार वह तीन सौ

रुपये का चैक लेखक और प्रकाशक के बीच लगातार झूलता रहेगा। लेखक-प्रकाशक सम्बन्ध बिगड़ेंगे और अन्ततः हिन्दी प्रकाशन उद्योग की प्रगति बाधित होगी। इसकी बजाय बेहतर ये है कि प्रकाशक चैक तब भेजे, जब तीन सौ प्रतियों के पहले संस्करण की सभी प्रतियाँ समाप्त हो जाएँ यानी उन्हें चूहे इत्यादि भी खा लें यानी दस साल के बाद। इससे क्या होगा कि लेखक को एकमुश्त रायल्टी मिल जाएगी तो वह भी खुश रहेगा और प्रकाशक भी खुश रहेगा कि मेरा लेखक खुश तो मैं खुश।

और तीसरा प्रकाशक भी भला ही है। भला है मतलब बुरा नहीं है। और बुरा इसलिए नहीं है कि वह साफ कहता है कि देख भाई लेखक, मैं तेरा बहुत सम्मान करता हूँ और इसे तेरे प्रति मेरा सम्मान ही समझना कि मैं तेरी हर अगड़म-बगड़म किताब छाप देता हूँ। तू मेरे अनुरोध पर उपन्यास ले आता है तो वह छाप देता हूँ। और अपने अनुरोध पर तू कहानी संग्रह ले आता है तो वह भी छाप देता हूँ। और आलोचना की किताब तो छाप ही देता हूँ। तुझे याद हो तो एक बार तू अपना कविता-संग्रह ले आया था तो उसे भी मैंने कविता-संग्रह न छापने के अपने सिद्धान्तों की बलि देकर भी छाप दिया था कि जी अपने लेखक की इतनी मदद तो अवश्य करनी चाहिए। फिर लेखक ये भी कह रहा है कि वह इस पर पुरस्कार मैनेज कर लेगा और सौ कॉपी खुद भी खरीद लेगा।

मगर मैं तेरा सम्मान करता हूँ इसका मतलब ये तो नहीं कि तू मेरा सम्मान न करे। तू अपनी किताब भी छपवा लेगा और रायल्टी भी ले लेगा, ये तो नहीं हो सकता। क्योंकि इसका मतलब तो ये हुआ न कि तेरे तो दोनों हाथों में लड्डू रहेंगे और मैं टूँगता रहूँगा। एक लड्डू तेरे हाथ में है तो एक मेरे हाथ में भी होना चाहिए यानी समाजवाद होना चाहिए और मेरा तो प्रकाशन शुरू करने का आरम्भ से यही उद्देश्य रहा है कि देश में समाजवाद आए और जब तक वह देश में नहीं आता तब तक कम से कम लेखक-प्रकाशक सम्बन्धों में तो जरूर ही आ जाए। इतना भी न हो सके तो जी ये अपना जीवन तो व्यर्थ ही समझना चाहिए। मैं गलत के रिया हूँ जी। और फिर भी तेरे को रायल्टी चाहिए ही चाहिए तो तू भई किसी मन्त्रालय वगैरह की खरीद समिति का मेम्बर बन जा, फिर तो हम तेरे को रायल्टी दे ही देंगे बल्कि नोटों से नहला भी देंगे। समझा न भाई तू।

तो इस प्रकार हिन्दी के सभी प्रकाशक भले थे, हालाँकि यह समझ में नहीं आता था कि उन्हें इतना भला होने की जरूरत क्या आन पड़ी थी मगर वे भले थे तो थे। तो इस प्रकार उस समय के लेखक भी खुश थे और प्रकाशक भी। और दुनिया वैसे ही चल रही थी, जैसे चलती है। वैसे इस बीच साम्प्रदायिकता जरूर कुछ ज्यादा बढ़ गई थी मगर क्या है कि समय है। लेकिन अच्छा और बुरा सभी तरह का समय गुजर जाता है। ये भी गुजर जाएगा।

दाँत और हाथी

आप सब जानते ही हैं कि मैं दो हाथ, दो पैरोंवाला एक साधारण-सा आदमी हूँ, आप ही की तरह। और आपको लगता है कि आपकी तरह मैंने खुद को बताकर आपका अपमान किया है तो मैं यह भी मानने को तैयार हूँ कि मैं आपकी तरह भी नहीं हूँ बल्कि उससे भी गया बीता हूँ मगर फिर भी आदमी जरूर हूँ। लेकिन उस दिन उन्होंने कह दिया—"भाईसाहब क्या हम आपको जानते नहीं ? आपके खाने के दाँत और हैं दिखाने के और।"

यानी उन्होंने कह दिया कि मैं आदमी नहीं, हाथी हूँ जबकि मैं जानता हूँ कि मैं आदमी हूँ और आदमी के सिवाय कुछ नहीं हूँ, हालाँकि कभी-कभी हैवान हो जाता हूँ, जैसा कि हिटलर की तानाशाही के समय हो गया था या जापान पर बम गिराते समय हो गया था या बाबरी मस्जिद गिराते समय हो गया था या बम गिराकर इराक के बच्चों को भूखे मारते समय हो गया था। मेरा ख्याल है कि वे भी जानते हैं कि मैं सिर्फ आदमी हूँ और इसी कारण मेरे पास केवल एक ही किस्म के दाँत हैं और वे पूरे बत्तीस भी हैं या नहीं, यह मैं ठीक से नहीं जानता क्योंकि मैंने उन्हें गिनने की जरूरत नहीं सभझी, क्योंकि उन्हें गिने बिना भी मेरा काम ठीक ढँग से चल रहा है। मैं अपने इन्हीं दाँतों से खाता हूँ, इन्हें ही आपको और दूसरों को दिखाता हूँ मगर फिर भी आरोप लगानेवाले भाईसाहब का आदरणीय सम्बोधन देकर भी मुझे आदमी से हाथी बना देते हैं। और हाथी ही क्या कभी-कभी तो कुत्ता, गीदड़, सूअर, गैंडा, कौवा आदि भी बना देते हैं। खैर शक्र था उनका, मेहरबानी थी उनकी कि उन्होंने मुझे सिर्फ हाथी ही बनाया। लेकिन यह भी अन्ततः भ्रम ही निकला क्योंकि उन्होंने मुझे हाथी तक नहीं बनाया था।

इस बात का पता मुझे तब चला, जब मैंने उनसे प्रतिकार किया कि क्या मैं आपको हाथी लगता हूँ जो आपने कह दिया कि मेरे खाने के दाँत और हैं और दिखाने के और ?

तो उन्होंने मुझे ऊपर से नीचे तक हिकारत की नजरों से देखा और वे भाईसाहब से तू के स्तर पर उतर आए—"तू और हाथी ?" इतना कहकर वे आकाश फाड़ हँसी हँसे। हँसते-हँसते उन्होंने आगे कहा—"कभी देखा भी है तैने हाथी ? नहीं देखा हो तो मेरे संग चलियो, दिखा दूँगा क्या होता है हाथी और कैसा होता है। अकल हो तो खुद भी तू चिड़ियाघर जाकर देख सकता है। वहाँ हाथी ही क्या तुझे उल्लू, गैंडे, गधे, साँप,

बिच्छू सब दिख जाएँगे। तू जो-जो है न, तेरे सभी रूप वहाँ नजर आ जाएँगे। तू वहाँ हाथी देखेगा तो तुझे खुद पता चल जाएगा कि तू तो महज चूहा है। हाथी बनने चला है गधा कहीं का ! अरे शकल भी देखी है तैने अपनी कभी आईने में ? नहीं देखी हो तो आज देख लेना। आईना दूँ क्या तुझे अभी और यहीं ?" लेकिन मैंने अपना संयम नहीं खोया और कहा—"जी आप ही अभी कह रहे थे कि मेरे खाने के दाँत और हैं और दिखाने के और। तब तो मैं निश्चित रूप से हाथी ही हुआ और आप मुझे हाथी तक मानने को तैयार नहीं हैं, जबकि मैं मानता हूँ कि मैं आदमी हूँ," मैं भावुक हो चुका था।

वे और ज्यादा हँसे—"तू हाथी कैसे हो सकता है रे। तेरा वजन तो हाथी के पीछे से जो निकलता है, उसके बराबर भी नहीं है।" इतना कहकर वे हो-होकर हँसे। उन्होंने आगे कहा—"वो तो गनीमत समझ कि हमने तुझे दाँत के मामले में हाथी मान लिया, वरना अपनी औकात तो तू खुद भी जानता ही होगा थोड़ी-बहुत। वरना बताएँ क्या ?"

तो साहब उन्होंने जब से इस तरह मुझे हाथी का दर्जा देने तक से इंकार कर दिया है, तब से मैं सोच रहा हूँ कि क्या वाकई मेरे दो तरह के दाँत हैं—दिखाने के और तथा खाने के और ? आदमी और हाथी में यही फर्क है कि आदमी सोचता है, जबकि हाथी नहीं। और जब आदमी सोचने लगता है तो उसे लगने लगता है कि आदमी के सिर्फ दो तरह के नहीं, बीसियों तरह के दाँत होते हैं। एक तरह के दाँतों से वह खाता है, तो दूसरी तरह के दाँतों को वह दिखाता है, तीसरी तरह के दाँतों को वह निपोरने के काम में लाता है, तो चौथी तरह के दाँतों से वह काटने का काम लेता है, पाँचवीं तरह के दाँत वह किटकिटाता है तो छठी तरह के दाँत वह गड़ाता है। सातवीं तरह के दाँतों से जिसे कहते हैं दाँत कटी दोस्ती करता है। इतना ही नहीं वह दूसरों के दाँत खट्टे करना भी जानता है।

भले ही आदमी के दाँत, हाथी के दाँतों की तरह विशाल नहीं होते मगर वह तरह-तरह के दाँत रखने बल्कि एक तरह के दाँतों का तरह-तरह से उपयोग करने की कला में हाथी ही क्या, किसी भी प्राणी को मात दे सकता है। लेकिन इतना सब कुछ करता है वह सिर्फ अपने लिए मगर बेचारे सीधे-सादे जानवर हाथी को बदनाम करता है, जो कि दो तरह के दाँतों से सिर्फ दो ही तरह के काम लेता है, दस तरह के नही।

और हाथी के दो तरह के दाँत हैं भी तो इसमें हाथी का क्या दोष ? दिखाने के दाँत भी उसे उसी तरह प्रकृति ने दिए हैं, जिस तरह से खाने के दिए हैं—और सब जानते हैं यहाँ तक कि बच्चे भी—कि वह दिखाने के दाँतों से कभी नहीं खाता। वह खाता सिर्फ उन्हीं से है, जिन्हें वह नहीं दिखाता। बल्कि उसके दो तरह के दाँत होने का फायदा भी आदमी ही उठाता है, वह खुद नहीं। आदमी हाथी के दिखाने के दाँत धोखे से उखाड़ लेता है और उन्हें बाजार में बेचकर उनसे पैसे कमा लेता है। आदमी को मालूम है कि हाथी के दिखाने के दाँत उखाड़ लो तो भी उसकी सेहत पर फर्क नहीं पड़ेगा मगर इससे आदमी की सेहत यानी उसकी तिजोरी की सेहत जरूर सुधर

जाएगी। लोग तो हाथी के दाँत उखाड़-उखाड़कर मीनारें तक खड़ी कर लिया करते हैं और उनमें रहने भी लगते हैं और उन मीनारों से उन्हें इतना ज्यादा प्यार हो जाता है कि उनसे नीचे ही नहीं उतरते और वहीं बैठे-बैठे दुनिया का मुजरा लेते रहते हैं और समझते हैं कि सिर्फ वहीं से सही मुजरा लिया जा सकता है। वे बाहर जो वास्तव में हो रहा है, उसे देखने से इंकार कर देते हैं और यह उन्हें दूसरे ही बताते हैं कि महाराज बाहर आकर भी देखिए। हाथी दाँत की मीनार में रहकर वह नहीं दिखेगा, जो कि वास्तव में हो रहा है।

जहाँ तक हाथियों का सवाल है, उन पर कोई इल्जाम लगाना फिजूल है। वे तो अपने दाँतों से अपनी मीनारें खड़ी नहीं करते। वे तो अपने दाँत उखाड़कर उन्हें बाजारों में नहीं बेचते। इसलिए हाथियों पर आरोप क्यों कि वे दो तरह के दाँत रखते हैं ? शायद अपने बारे में सच्चाई को छुपाने के लिए ही आदमी, हाथियों पर आरोप जड़ देता है। वैसे हाथी इतना लम्बा, चौड़ा और तगड़ा होता है कि वह दिखाने और खाने के दो तरह के दाँत अफोर्ड भी कर सकता है, मगर आदमी नहीं। इस आदमी नामक नाचीज से तो अपने एक तरह के दाँत भी जिन्दगीभर सँभाले नहीं जाते। मंजन-ब्रश करने के बावजूद वे सड़ जाते हैं और आदमी को बुढ़ापे में नकली दाँत लगवाने पड़ते हैं। फिर क्यों आदमी हाथी से जलता रहता है ? आदमी से आदमी जलता रहे, क्या इतना पर्याप्त नहीं है ?

वैसे बुनियादी गलती तो आदमी की यह है कि जो हाथी की सूँड के बाहर सफेद-सफेद लम्बे-लम्बे दाँतनुमाँ लटके रहते हैं, जिनका इस्तेमाल वह खाने तक में नहीं करता, उन्हें भी आदमी दाँत ही कहता है। अपने भाषाई अज्ञान और कल्पनाशीलता की कमी को छुपाने के लिए वह उन्हें दाँत कहता है जो कि दाँत हैं ही नहीं और फिर हाथी के बारे में कहता है कि हाथी के तो दाँत खाने के और होते हैं और दिखाने के और। दिखानेवाले दाँतों के लिए अगर आदमी के शब्दकोश में दूसरा कोई शब्द नहीं है तो यह हाथी का दोष नहीं है। यह हाथी के शब्दकोश की खामी नहीं है। फिर उस बिचारे को क्यों आदमियों के मामले में घसीटा जाता है, जबकि वह कभी अपने मामलों में आदमियों को नहीं घसीटता। इस बात को इस तरह भी कहा जा सकता हैं कि वह आदमियों को इस काबिल नहीं समझता। आदमियो, आपको यह सुनकर बुरा लगे तो दो रोटी ज्यादा खा लेना मगर क्या हिन्दुस्तानी आदमियो, तुम्हारी यह हैसियत हो चुकी है कि तुम सब के सब मिलजुलकर दो-दो रोटियाँ ही खा सको !

हाथी और चूहा

1

वे हाथी को चूहा कहकर चिढ़ाते थे, मगर बहुत कोशिशों के बावजूद वह चिढ़ता नहीं था, क्योंकि उसे मालूम नहीं था कि वह हाथी है और हाथी को चूहा कहना उसकी हँसी उड़ाना है। इसलिए हाथी कभी उनकी बात सुनकर गुस्से से पागल नहीं हुआ।

लेकिन इससे हुआ ये कि वे पागल हो गए और वे अपने को हाथी कहने लगे और बच्चे उन्हें चूहा-चूहा कहकर चिढ़ाने लगे।

2

वे हाथी को चूहा कहते थे और चूहे को हाथी। इससे न हाथी अपमानित महसूस करता था, न चूहा गर्व से फूलता था।

एक दिन उन्होंने राजा को रंक कह दिया, तो राजा कुछ कहता या करता, इससे पहले ही उसे रंकों ने पीट-पीटकर अधमरा कर दिया कि साला, राजा को रंक कहता है। कल से हमें राजा कहेगा तो भी इतना ही पिटेगा और साले की हड्डियाँ-पसलियाँ भी नहीं मिलेंगी।

एक कुत्ते की मौत

'साहब, नमस्कार !'

साहब अधेड़ और गंजे चुके थे। उनकी कनपटी पर सफेद बाल आ चुके थे। चेहरे पर झुर्रियाँ निकल आई थीं मगर ममता कुलकर्णी की धाँसू तस्वीर देखने में उनकी दिलचस्पी कम नहीं हुई थी। सो उन्होंने नमस्कार पर ध्यान नहीं दिया।

'साहब, नमस्कार !'

उन्होंने इस बार सुना, मगर सिर उठाकर नहीं देखा। 'क्या है रे, रामचरण ! क्यों डिस्टर्ब करता है ? देख नहीं रहा, मैं मैगजीन पढ़ रहा हूँ। तू भी बीवीजी की तरह है। तुझे भी मेरा पढ़ना-लिखना बिल्कुल नहीं सुहाता।'

इतना कहकर उन्होंने सिर ऊपर उठाया तो देखा कि कमरे में कोई नहीं है सिवाय उनके कुत्ते बंटी के।

उन्होंने इस पर गौर नहीं किया और पुनः ममता कुलकर्णी में व्यस्त हो गए।

''साहब, यह मैं बोल रहा हूँ, बंटी...आपका कुत्ता।'

'क्या है रे बंटी, अब तू क्यों तंग कर रहा है ?' मगर इतना कहने के तुरन्त बाद उन्हें ख्याल आया कि बंटी तो उनका कुत्ता है। वह कैसे बोल सकता है ? वह एकदम चौंके और डरकर अपनी टाँगें सिकोड़कर बैठ गए। वह थर-थर काँप रहे थे।

'डरिए नहीं साहब ! हम तो आपके बंटी हैं,' कुत्ते ने कहा।

साहब और भी घबरा गए। हकलाने लगे : 'त-त-त-तुम बोलने लगे हो ?' वह अब भी काँप रहे थे।

'हाँ, साहब, क्या बताएँ ! आज सुबह से ही हममें यह परिवर्तन आ गया है। साहब, हम अब भौंक भी नहीं पा रहे हैं। अगर इसी तरह रहा तो हम मनुष्य बन जाएँगे। तब यह तर माल कहाँ मिलेगा ?'

'लेकिन तुम बोलने कैसे लगे ? तुम तो कुत्ते हो !'

'यही तो हम भी नहीं समझ पा रहे हैं, साहब ! हम भौंकना तक भूल गए हैं साहब !' इतना कहकर वह रोने लगा। उसकी आँखों से आँसू झर रहे थे।

'लेकिन यह कैसे हो सकता है, बंटी ? भौंक तो मैं भी सकता हूँ हालाँकि मैं मनुष्य हूँ। भौं-भौं-भौं ! तुम भी भौंको मेरी तरह। हौसला रखो। घबराओ मत। भौंको-भौंको !' साहब ने निर्देश दिया।

'नहीं साहब, हम बहुत कोशिश करके देख चुके हैं। हम नहीं भौंक पा रहे हैं,' कुत्ते का जवाब था।

साहब ने कहा : 'यह तो बड़ी चिन्ता की बात है। तुम भौंकोगे नहीं तो तुम्हें कुत्ता कौन मानेगा ? और कुत्ता नहीं मानेगा तो तुमसे डरेगा कौन ? और कोई डरेगा नहीं तो हम भी तुम्हें पालकर क्या करेंगे ? क्यों मीट-मलाई खिलाएँगे ? मुफ्त की तो आती नहीं।'

'यही तो मैं भी सोचकर घबरा रहा हूँ। आदमी की तरह बन गया तो मेरा क्या होगा ? कहाँ मिलेगा यह तर माल ? क्या बताऊँ साहब, कई दिनों से हममें परिवर्तन आ रहा था। पहले तो हम आपकी इतनी ही बात समझते थे कि 'भौंको। भौंको मत ! इधर आओ।' मगर कुछ दिनों से हमें आपकी कही हर बात समझ में आने लगी थी। तब तक भी हमें चिन्ता नहीं थी क्योंकि, भौंकना तो हमें आता था। लेकिन आज सुबह से तो हम सिर्फ बोलने लगे हैं।'

वह फिर रोने लगा।

'अच्छा, पूँछ हिलाना तो नहीं भूले हो ? हिलाकर दिखाओ !'

'वह भी नहीं हिल रही, साहब !' कुत्ते ने जवाब दिया।

'तुम्हारी पूँछ भी नहीं हिल रही है ? यह कैसे हो सकता है ?' साहब ने कहा : 'तुम झूठ बोल रहे हो। हम तो तुम्हारी पूँछ हिला पा रहे हैं। देखो हिल गई। तुमसे क्यों नहीं हिल रही ?'

'सच कह रहे हैं, साहब ! सचमुच में नहीं हिल रही है। हम तो किसी काम के न रहे, साहब ! न भौंक सकते हैं, न पूँछ हिला सकते हैं। हमें अब आप अपने घर में क्यों रखेंगे ? हम आपके अब किस काम के ?'

साहब ने सिर्फ 'हूँ' कहा।

'और साहब, क्या बताएँ ! आजकल तो हमें रात में गहरी नींद भी खूब आने लगी है। हम कल रात 11 बजे सोए थे तो अभी सुबह सात बजे उठे हैं। रात में एक बार भी हमारी नींद नहीं खुली। चोर आ जाता इस बीच, तो साहब हम कुछ न कर पाते।'

'यह तो बहुत ही गड़बड़ है, बंटी ! इसका मतलब है कि तुम कुत्ते नहीं रह गए हो। कुत्ता तो कभी गहरी नींद सो ही नहीं सकता।'

'पता नहीं साहब ! मगर हम अब भी लगते तो कुत्ते हैं न, साहब ! हमने अभी शीशे में देखा था।' बंटी ने कहा।

'हाँ, लग तो तुम वैसे ही रहे हो पर इससे क्या होता है ? किसी काम के तो नहीं रहे,' साहब ने कहा।

'साहब, क्या बताऊँ ! बड़ी मुश्किल में हूँ। बचा लीजिए। सुबह दौड़कर सड़क पर गया तो वहाँ उतरी नहीं। वापस लौटकर टायलेट में गया तो आराम से हो गई।'

'तो क्या तुमने हमारे टायलेट का इस्तेमाल भी शुरू कर दिया है ? बदतमीज !'

'क्या करूँ साहब ! शर्मिन्दा हूँ। एक और बात है साहब, अब मुझे नंगा रहने में

शर्म लगती है। सच कहता हूँ साहब, आपके सामने खड़ा नहीं हुआ जा रहा। मेरे लिए दर्जी से कहकर दो जोड़ी कपड़े तो सिलवा दीजिए।'

अब तो साहब को बेहद गुस्सा आ गया, 'कुत्ते होकर यह बेशर्मी ? अब तू कपड़े भी पहनेगा ?'

उन्होंने निकाली पिस्तौल और कुत्ता कुछ समझे, इससे पहले ही उसे धाँय-धाँय कर दिया।

धाँय-धाँय सुनकर आस-पास के लोग आए। देखा तो कुत्ता मरा पड़ा था। सारा किस्सा सुनकर पड़ोसियों ने साहब को नेक काम के लिए बधाई दी। उनसे चाय पी और खुशी-खुशी घर चले गए।

सती सावित्री

—अजी सुनते हो ?

—हाँ सुनता हूँ। भगवान की कृपा से अभी तक बहरा नहीं हुआ हूँ हालाँकि तू चाहती बहुत है कि मैं अन्धा-बहरा हो जाऊँ।

—हमेशा ताने क्यों मारते हो ?...आज मुझे 104 बुखार है।

—बुखार ? तुझे अब बुखार भी चढ़ने लगा है ? कामचोरी करना चाहती है ? सुबह हुई नहीं और बुखार चढ़ गया ? जा पहले चाय बनाके ला।

—अजी मेरा बदन बुरी तरह जल रहा है। छूकर तो देखो।

—बुढ़ापे में भी तुझे गरमी चढ़ी हुई है। कहती है मेरा बदन छूकर देखो। तेरे बदन में रखा क्या है जो छूकर देखूँ ?

—पप्पू के पापा सचमुच मेरी तबीयत बहुत ज्यादा खराब है। दो उल्टियाँ हो चुकी हैं। डॉक्टर के यहाँ नहीं ले चलोगे तो मैं मर जाऊँगी।

—फीस के पैसे तेरा बाप कमाकर दे गया है जो मैं तुझे डॉक्टर के पास ले चलूँ ? मेरे पास तो फालतू पैसे हैं नहीं।

—पप्पू के पापा मैं तुम्हारी धर्मपत्नी हूँ।

—अपने को कहती है धर्मपत्नी और मैं एक घंटे से कह रहा हूँ कि चाय बना, चाय बना, वो नहीं सुनती। अच्छा अब समझा, कलयुग में ऐसी ही औरतें तो धर्मपत्नी कहलाती हैं। अब समझ में आया मुझे। नासमझ हूँ न मैं !

—पप्पू के पापा लड़ बाद में लेना, पहले मुझे डॉक्टर के यहाँ ले चलो।

—आज बहुत याद आ रही है तेरे को डॉक्टर की ? क्या उसने तुझे कोई खास अप्वाइंटमेंट दे रखा है जो तू बीमार होने का बहाना बनाकर उससे मिलना चाहती है ? जा तेरे से कहा न पहले चाय बना।

—मुझसे खड़ा नहीं हुआ जा रहा और तुम...

—क्यों मैं कल तुझसे कहूँ कि जा चुनाव में खड़ी हो जा, तो मर रही होगी तो भी तू खड़ी हो जाएगी। मगर घर में पति प्यार से कह रहा है कि चाय बनाने के लिए खड़ी हो जा तो तेरे से खड़ा नहीं हुआ जा रहा है ?

—मैं आपसे सच कह रही हूँ कि...

—हाँ तू तो सत्यवादी हरिश्चन्द्र की औलाद है न, तू कैसे झूठ बोल सकती है ?

झूठे तो हम हैं।

—मैं बुखार में तप रही हूँ...

—तो तू क्या चाहती है मैं भी तेरे साथ तपूँ ? तेरे इरादे आखिर क्या हैं ? विधवा होना चाहती है ताकि तेरे पर किसी का अंकुश न रहे ?

—आप किस तरह की बातें...

—अच्छा, अब मेरे ऊपर ये भी इल्जाम कि मैं बेकार की बातें करता हूँ। पागल हो गया हूँ ?

—मुझे एक बार डॉक्टर को दिखा दो फिर...

—फिर, फिर तू मेरा क्या करेगी ? क्या करेगी तू बता ?...ये जब से तूने 33 प्रतिशत आरक्षण की बात सुनी है, तब से तेरे हौसले बहुत बढ़ गए हैं। तभी से तेरे को बुखार भी चढ़ने लगा है और अब तेरी हिम्मत इतनी बढ़ गई है कि तू बुखार का बहाना बनाकर मेरे लिए चाय बनाने से भी इंकार कर रही है।

—पप्पू के पापा दया करो...

—मुझे बहलाने की कोशिश मत कर। मैं सब समझता हूँ तेरी चालें। तू मुझसे भी राजनीति करेगी ? तेरा महिला आरक्षण मैं यहीं और अभी दो मिनट में झाड़कर रख दूँगा। मुझे तू ऐरा-गैरा मत समझ लेना।

—मैं मर जाऊँगी इस तरह...

—मुझे मरने की धमकी देती है ? मैं तेरी धमकी में आने वाला नहीं हूँ। मैं असली मरद हूँ मरद। मुझे इस तरह कोई डरा नहीं सकता।

और इस तरह अन्ततः वह औरत मर जाती है।

उसके पति समेत सभी रिश्तेदार, पड़ोस आदि उसकी प्रशंसा करते हुए कहते हैं कि वह बड़ी सती सावित्री थी। कोई उसे कुछ भी कह दे, वह पलटकर जवाब नहीं देती थी। कभी किसी ने उसकी ऊँची आवाज नहीं सुनी। और अपने पति को तो वह इतना ज्यादा मानती थी कि मरने से पहले भी उनके लिए चाय बनाकर गई। एकदम गौ थी, गौ।

जब गरीबी मिट गई

इसके बावजूद कि भारत पर बहुत सालों तक कांग्रेस और भारतीय जनता पार्टी की सरकारों ने राज किया था, इसके बावजूद कि विकास के काम कागजों पर ज्यादा होते रहते थे और किसिम-किसिम के दलालों को उनका हिस्सा बराबर मिलता रहता था, इसके बावजूद कि 'गरीबी हटाओ' के नारे के बावजूद होता यह था कि गरीब ही हटते रहते थे, इसके बावजूद कि गुजरात जैसे हत्याकांड हुए थे और होते रहते थे, नरेन्द्र मोदी पैदा हुए थे और होते रहते थे, इसके बावजूद कि आतंकवाद और दमन साथ-साथ चलते रहते थे, इसके बावजूद कि दुनिया से सोवियत संघ मिट चुका था, फिर भी एक दिन ऐसा आ ही गया, जब सरकार ने घोषणा कर दी कि फलाँ दिनांक और फलाँ-फलाँ सन् से फाइनली देश से गरीबी हट चुकी है। इस बीच वर्ल्ड बैंक की टीम आई और उसने भी इसकी पुष्टि कर दी, अन्तरराष्ट्रीय मुद्रा कोष की टीम आई और उसने भी कह दिया कि सरकार ठीक कह रही है।

इस खुशी में भारत की राजधानी दिल्ली में एक भव्य समारोह सरकार ने कराया, जिसमें तमाम देशों के तमाम राष्ट्रपतियों-प्रधानमन्त्रियों ने भाग लिया, जिसमें सबसे प्रमुख और सर्वदा उल्लेखनीय अमेरिका के राष्ट्रपति थे। इन्होंने तालियाँ बजाईं, जाम टकराए, शानदार रात्रि भोज में भाग लिया और देर रात की फ्लाइट से वापस चले गए। जो नहीं आ पाए, उन्होंने शुभकामना सन्देश भेजे और इस तरह भारत का दुनिया में बड़ा नाम हो गया और सब भारत का उदाहरण दुनिया के सामने पेश करके कहने लगे कि देखो फिर न कहना, चीन ही नहीं भारत भी अब मैदान में आ गया है। भारत के नेता इस बात पर खुश होने के साथ ही गर्व से सीना फुलाकर घूमने लगे कि देखा हमने भ्रष्टाचार इत्यादि करके भी अन्ततः भारत की जनता का भी कल्याण कर ही दिया !

लेकिन आलोचक तो आलोचक होते हैं, उनका धर्म ही होता है आलोचना करना। उन्हें तो अवसर की जरूरत होती है और वह उन्हें मिल ही जाता है। तो उन्होंने कहना शुरू किया कि ठीक है कि साहब आप कह रहे हैं कि भारत की गरीबी दूर हो गई तो वाक़ई दूर हो गई होगी और इसके लिए सरकार को शतशः धन्यवाद, ढेरों शुभकामनाएँ, हजारों मुबारकबाद मगर मान लो आज के बाद कोई वी.वी.आई.पी. भारत आया या हमारे राष्ट्रपति, प्रधानमन्त्री या किसी मन्त्री या किसी आला अफसर की यह इच्छा हो गई कि यार जिस गरीबी को हमने हटा दिया, उसकी बड़ी याद आ रही है,

चलकर यह देखें तो कि वह कैसी थी, तो वे बेचारे कहाँ जाएँगे, क्या देखेंगे, ये भी सोचा है आपने कभी ? आप क्या उन्हें भारत की गरीबी दिखाने के लिए पुरानी तस्वीरें दिखाओगे, फिल्में दिखाओगे, पेंटिंग दिखाओगे, लोकगीत सुनवाओगे, किताबें पढ़वाओगे और कहोगे कि ऐसी थी कभी भारत की गरीबी ! क्या इतना पर्याप्त होगा ? किसी धाकड़ नेता ने कह दिया कि हम जिन्दा गरीब आदमी को ही देखना चाहते हैं तो क्या करोगे ? कहाँ से लाओगे अचानक गरीबों को ? अरे कम से कम देश के किसी कोने में किसी एक को तो गरीब रखा होता ताकि वक्त-जरूरत उसे गरीबी के नमूने के तौर पर पेश किया जा सकता ! आपने तो सब कुछ नष्ट कर दिया, इस देश की सभ्यता-संस्कृति को सुरक्षित रखनेवाले, उसे सँजोकर रखनेवाले गरीबों की पूरी जाति का ही संहार कर दिया ! लोग तो युद्ध की स्मृति को जिन्दा रखने के लिए खंडहरों तक को सुरक्षित रखते हैं और आपने गरीब आदमी तक को नष्ट कर दिया ! उसका नामोनिशान तक मिटा दिया ! आप जैसा अधमी कोई है इस दुनिया में ?

सरकार को लगा कि वाकई इस आलोचना में दम है। गरीबी का मिटना तो ठीक था मगर यह सोचना भी तो जरूरी था कि इससे कहीं इस देश की सभ्यता और संस्कृति का विनाश तो नहीं हो रहा है ? सभ्यता-संस्कृति की कीमत पर तो कुछ नहीं हो सकता। तो तमाम जिला कलेक्टरों को निर्देश दिए गए कि वे अपने-अपने जिले में अभी भी रह गए कुछ गरीबों की खोज करें और सरकार को इसके बारे में पूरी जानकारी दें ताकि उन्हें गणतन्त्र दिवस की झाँकी में देश की राजधानी में भारत की प्राचीन गरीबी के नमूने के तौर पर पेश किया जा सके।

लेकिन किसी भी कलेक्टर ने अपने जिले में किसी भी गरीब का होना स्वीकार नहीं किया, जबकि आशावादी कह रहे थे कि इतने बड़े देश में कोई गरीब ही न रह जाए, ऐसा कैसे हो सकता है ! कलेक्टरों का निजी रूप से कहना था कि हम छह-छह बार राज्य और केन्द्र सरकार को ये रिपोर्टें भेज चुके हैं कि हमारे यहाँ अब एक भी गरीब नहीं बचा है, तो अब हम कैसे कह दें कि गरीब बचे हैं ? इससे अन्ततः हमारी सी. आर. खराब होगी और कहा जाएगा कि इन कलेक्टरों की रिपोर्ट का भरोसा नहीं किया जा सकता, ये कभी कुछ तो कभी कुछ लिख देते हैं। सो सभी कलेक्टरों ने सरकार को रिपोर्ट दी कि हमने गली-गली मोहल्ले-मोहल्ले ढुँढ़वाया, जंगल में ढुँढ़वाया, पहाड़ों पर चढ़कर पता लगवाया, यहाँ तक कि पानी के अन्दर और पाताल में भी खोजवाया मगर हमें तो कहीं कोई गरीब मिला नहीं, तब हम लाकर कहाँ से दें ? हमें पहले ही बता दिया होता कि गरीबी का सम्बन्ध चूँकि देश की सभ्यता-संस्कृति से है तो हम एक क्या लाखों की तादाद में गरीब आपके सामने पेश कर देते, इनकी गणतन्त्र दिवस पर परेड करा देते। हमें कोई गरीबी हटाने का शौक थोड़े ही था, वह तो आपने आदेश दिया कि यह तो करना ही है तो हमने कर दिखाया। मगर अब सॉरी, हम कुछ भी नहीं कर सकते। जो गरीब नहीं रहे, वे अब इतने दबंग हो चुके हैं कि उनसे कहो कि भैया हमारी खातिर कुछ दिन के लिए गरीब बनकर दिखा दो तो वे शेर की तरह

दहाड़ने लगते हैं तो कौन खतरा मोल ले ! कोई विनम्र गरीब मिलता भी है तो वह कहता है कि कलेक्टर भैया (अब हमें ये ससुरे साहब की जगह भैया कहने लगे हैं। चलो फिर भी इज्जत तो बख्शते हैं, यही क्या कम है !) और कोई काम हो तो बताओ, हम आपको ओब्लाइज कर देंगे, मगर इस मामले में नहीं। वी आर वेरी सॉरी।

इस स्थिति में गरीबों को ढूँढ़ने का काम सी. बी. आई. को दिया गया लेकिन सी.बी.आई. जिस मन्त्री के अंडर में थी, वो गरीबी निवारण का प्रभारी मन्त्री भी था और विदेशों की बात दूसरी है मगर देश में गरीबी निवारण का प्रधानमन्त्री से ज्यादा श्रेय वह लूट रहा था, तो उसने सी. बी. आई. के प्रमुख को घर बुलाकर कहा कि देख भैया तू सी. बी. आई. की इज्जत की बात तो मुझसे करना मत क्योंकि मैं जानता हूँ कि उसकी इज्जत कितनी ज्यादा है मगर इज्जत मेरी का सवाल यहाँ प्राथमिक और बुनियादी है इसलिए तुझे रिपोर्ट ये देना है कि देश में कहीं कोई गरीबी नहीं बची है और जहाँ तक म्यूजियम पीस की तरह गरीबों को पेश करने का सवाल है, वह हम नेतागण और मन्त्रीगण आपस में निबट-सुलझ लेंगे कि इसका रास्ता कैसे निकालना है। मेरा ख्याल है कि नौकरी तो तेरे को भी जान से ज्यादा प्यारी होगी। है न !

वह अफसर वैसे तो बड़ा दबंग माना जाता था मगर इतना भी दबंग वह नहीं हो सका था कि नौकरी को बलिदान कर दे वरना यहाँ तक कैसे पहुँचता और पहुँच गया है तो उस पद का इस तरह त्याग करना तो सिवाय बेवकूफी के क्या कहा जाएगा ? सो उसने कहा कि मन्त्रीजी आप तो चिन्ता ही मत करो और जिसे हिन्दी में कहते हैं चैन की बाँसुरी बजाना, वह आप बजाओ, रिपोर्ट आपको मनमाफिक मिल जाएगी और कोई हुकुम हो तो बताओ, सेवक हाजिर है।

और फिर वही हुआ जो कि हुआ करै है।

तो जी समस्या पैदा हो गई कि गरीब कहाँ से लाएँ लेकिन कोई समस्या होती है तो उसका समाधान भी निकल ही आता है। समाधान ये निकला कि ऐसे टैलेंटेड अभिनेताओं की खोज की जाए, जो कि गरीब होने का जानदार और शानदार अभिनय कर सकें। उनको अच्छी से अच्छी तनख्वाह दी जाए और उन्हें वक्त-ज़रूरत गरीबों की तरह पेश किया जाए। ऐसे टैलेंटेड अभिनेता-अभिनेत्री मिल भी गए। टैलेंट की तो इस देश में वैसे भी कोई कमी नहीं है। लेकिन उनमें से एक अभिनेता बहुत ही टैलेंटेड था और वो इतना बढ़िया अभिनय करता था कि क्या कहने ! उसका अभिनय देखकर पत्थर दिल को भी आँसू आ जाते थे। तो उसने कहा कि मैं तो इस अभिनय में पूरी जान डाल दूँगा। अगर सरकार कलाकारों को ऊँची तनख्वाह देकर उन्हें पूरा सम्मान दे रही है तो हम कलाकारों का भी कर्तव्य बन जाता है कि हम भी अपना फन पूरी तरह दिखाएँ। तो उसने घोषणा की कि मैं तो अभिनय में जान डालने के लिए न केवल फटे-पुराने-गन्दे कपड़े पहनूँगा बल्कि भूख से मरने का सच्चा अभिनय करने के लिए भूखा-प्यासा भी रहूँगा।

सबने कहा और सबने समझाया कि भैये तू किन चक्करों में पड़ा है, आठ घंटे

की ड्यूटी कर और खूब ही ज्यादा प्रेम से करना चाहता है तो आठ घंटे भूखा रह मगर पूरे-पूरे दिन लगातार भूखा रहने के चूतिया-चक्करों में मत फँस। सरकार अच्छी तनख्वाह इसीलिए तो दे रही है न हमें कि अभिनय अच्छा करो, अच्छा खाओ, अच्छा खिलाओ और मस्त रहो और अगर भूखा रहकर ही गरीब होने का अभिनय करना है तो वह अभिनय ही क्या हुआ ? क्या राजा का अभिनय करने के लिए तुम वाकई राजा बनते हो ? मगर वह क्यों सुनने लगा ! उसको कहना था कि अच्छा और खूब खाकर अपने से गरीब होने का अभिनय नहीं हो सकता। अपनी आत्मा इस तरह के नाटक की गवाही नहीं देती।

तो होना क्या था—एक दिन वह भूख से मर गया।

वह मर गया तो बावेला मच गया। उसके साथवालों ने बता दिया कि वह क्यों मर गया, कैसे मर गया। कुछ ने सरकार की आलोचना करते हुए कहा कि सरकार ने ये क्या नाटक चला रखा था। जब देश से गरीबी दूर हो गई थी तो गरीबी का 'लाइव शो' करने के लिए ऊँची तनख्वाह पर अभिनेताओं को नियुक्त करने की जरूरत ही क्या थी ? जो देश आज अमीर हैं वे भी पहले गरीब ही हुआ करते थे। तो क्या वे देश अपने यहाँ की प्राचीन गरीबी का 'लाइव शो' दिखाते फिरते हैं ? फिर इस सरकार ने ही ऐसा क्यों किया ?

लिहाजा सरकार की खूब लानत-मलामत हुई, थुक्का-फजीहत हुई मगर सारे मामलों की तरह यह मामला भी शान्ति और सौहाद्रपूर्ण ढँग से सुलट गया।

लेकिन एक दिन देखा गया कि बहुत सारे गरीब राजधानी की सड़कों पर आ गए हैं। उनका कहना था कि हमें तो पता ही नहीं चला कि देश से गरीबी मिट चुकी है। हमारे पास तो कोई फटका तक नहीं। वो तो किसी ने हमारी हालत देखी और उस पर आश्चर्य व्यक्त करते हुए कहा कि अरे तुम तो अभी भी गरीब हो। तो हमने कहा कि हाँ हैं, कोई आज से हैं, सदियों से हम ऐसे ही हैं और सदियों तक रहेंगे भी, इसमें इतना परेशान होने की बात क्या है ! हमारे तो बब्बा के बब्बा के बब्बा के न जाने कितने बब्बा भी गरीब थे। तो उसने फिर हमें सारी बात बताई कि देश से तो आफिशियली गरीबी कभी की मिट चुकी है मगर किसी अफसर को यह पता चल गया कि तुम अभी भी गरीब रह गए हो तो वह देशद्रोही होने के आरोप में तुम्हारा एनकाउंटर करवा देगा। हमने पूछा कि भैया हम ही नहीं हमारे आसपास बहुत गरीब हैं तो अब हम क्या करें ? क्या हम सबका एनकाउंटर हो जाएगा ? तो उसने कहा कि अब एक ही उपाय बचा है कि तुम देश की राजधानी में जाकर प्रदर्शन करो और वहाँ मीडिया से कहो कि गरीबी कैसे हट गई, हम तो अभी भी गरीब हैं मगर वहाँ तक ज़रा सँभल के जाना। किसी अफसर को पता चल गया तो उसे धाँय-धाँय करने में एक सेकंड भी नहीं लगेगा और तुम्हारा काम तमाम हो जाएगा। तो हम इसीलिए आलू के बोरे में यहाँ आए।

इनके इस प्रदर्शन के बाद फिर तो सब जगह से इस तरह की खबरें आने लगीं।

पता चला कि देश की हालत कमोबेश वही है जो पहले थी बल्कि और भी बदतर होती जा रही है। इस पर फिर बवाल मचने लगा, अन्तरराष्ट्रीय स्तर पर देश की बदनामी होने लगी कि इनने तो दुनिया को बेवकूफ बना दिया।

तो अगले दिन पता चला कि दुश्मन देश पर हमला कर दिया गया है और बताया जा रहा है कि यदि हम उन पर हमला नहीं करते तो वे हम पर हमला कर देते और हम बर्बाद हो जाते। हमने समय रहते सब कुछ बचा लिया।

तो कहने का मतलब यह है कि इस प्रकार दुश्मनों से देश की सुरक्षा हो गई और देश की सुरक्षा से महत्वपूर्ण क्या गरीबी है ?

जब गरीबों ने अपने को अमीर घोषित कर दिया

एक दिन जब गरीबों को यह अहसास हो गया कि पचपन साल से गरीबी हटाने की बातें करने के बावजूद गरीबी कभी हटाई नहीं जाएगी तो उन्होंने अपने आप को अमीर कहना और कहलवाना शुरू कर दिया। उन्होंने डोंडी पिटवा दी कि अगर आज से उन्हें किसी ने गरीब कहने की हिमाकत की, गरीबी हटाने की बात कही और दया करने का उपक्रम किया, तो इसे कतई बर्दाश्त नहीं किया जाएगा। गरीब पूरी ताकत से इसका विरोध करेंगे। उन्हें इसकी चाहे जितनी भी कीमत चुकानी पड़े।

इसके साथ उन्होंने यह भी घोषणा की कि अभी तक जिन्हें अमीर कहा जाता है, वे अगर अभी भी अपने को अमीर कहलवाना चाहते हैं, तो उनकी मर्जी। उनका हमारी बिरादरी में हार्दिक स्वागत है।

इस घोषणा से चारों तरफ हड़कम्प मच गया। अपने को जो अमीर मानते थे, उनके लिए समस्या पैदा हो गई, क्योंकि सवाल अब यह था कि जब गरीब भी 'अमीर' हो जाएँगे, तो उनका क्या होगा ? क्या उन्हें अब अपने आपको गरीब कहना-कहलवाना शुरू करना पड़ेगा ? यह खयाल आते ही दो-चार अमीरों के 'हार्टफेल' हो गए और बीस-पच्चीस को डॉक्टरों ने ऐन मौके पर बचा लिया। समस्या सरकार के लिए भी पैदा हो गई क्योंकि उसके तमाम दस्तावेजों में लिखा था कि देश के 70 प्रतिशत लोग गरीब हैं और सरकार गरीबी हटाकर ही दम लेगी, गरीबी की सीमा-रेखा से नीचेवालों को ऊपर उठा दिया जाएगा, गरीबी उन्मूलन कार्यक्रम के लिए पिछले साल के बजट में दस करोड़ रुपए का प्रावधान था, मगर उसमें से सिर्फ 1.80 करोड़ रुपए खर्च किए गए। लेकिन इस बार बारह करोड़ रुपए का प्रावधान होने से आशा है कि अगले दो हजार सालों में इस देश से गरीबी जरूर हट जाएगी, वगैरह। अब सरकार को 'गरीब' की जगह 'अमीर' शब्द का इस्तेमाल करना पड़ता, संविधान में अनेक संशोधन करने पड़ते, गरीबी हटाने के प्राचीन संकल्प से पीछे हटना पड़ता और इस तरह उसके पास हटाने, उठाने तथा उन्मूलन करने के लिए कुछ नहीं रह जाता।

जो पहले अमीर कहलाते थे, उनमें इस घोषणा से हड़कम्प मच ही चुका था। उन्होंने तत्काल सरकार को गोपनीय रूप से सलाह दे डाली कि चूँकि गरीबों के दिमाग खराब हो चुके हैं और इसके लिए बुनियादी रूप से सरकार दोषी है, अतः यह जिम्मेदारी भी उसी की है कि वह इनके दिमाग फौरन से पेश्तर दुरुस्त करने के लिए कठोर

कार्रवाई करे। इसमें जितनी देरी होगी, उतनी ही कानून और व्यवस्था की स्थिति बिगड़ती जाएगी और समाज में भ्रम बढ़ता जाएगा। इन सालों पर तड़ातड़ डंडे बरसाए जाएँ तो ये 'ठीक' हो जाएँगे। हमेशा से इन्हें ऐसे ही तरीकों से 'ठीक' किया गया है और आगे भी ये इसी तरह 'ठीक' होंगे। ये लातों के भूत हैं जो बातों से कभी नहीं मानते हैं। इन्हें मालूम नहीं है कि अमीर बनना इतना आसान नहीं है कि किसी ने कहा कि मैं अमीर हूँ और वह अमीर हो गया। अमीर बनने के लिए कठोर साधना करनी पड़ती है वरना हर कोई, हर कहीं, गली-कूचे में अमीर बना घूमता और अमीरों की कोई इज्जत नहीं रह जाती।

उनका कहना था कि अगर ये समझाने से नहीं समझते हैं तो इन पर गोली चला दो और टंटा मुकाओ। सौ-पचास मरे तो सब एकदम से ठीक हो जाएगा। सुख-शान्ति फिर से लौट आएगी। लेकिन ऐसा करने से पहले रणनीति यह कहती है कि सरकार यह घोषणा करे कि चूँकि गरीब ही स्वयं कह रहे हैं कि वे अब गरीब नहीं रहे, अमीर हो चुके हैं, इसलिए गरीबी-उन्मूलन के सभी कार्यक्रम आज से ही समाप्त किए जाते हैं। सरकार मजबूर है। वह अमीरी-नियन्त्रण या अमीरी उन्मूलन सरीखा कोई कार्यक्रम नहीं चला सकती, इसलिए विवश होकर उसे गरीबी उन्मूलन के दायित्व से अपने को मुक्त करना पड़ रहा है। इतना सुनते ही इन गरीबड़ों के होश उड़ जाएँगे और वे हुजूर, माई-बाप कहते हुए चरणों में आ गिरेंगे।

सुझाव आकर्षक था और गरीब—जो कि अब अपने को अमीर कहलवाना चाहते थे—समझाने से नहीं समझते तो सरकार के दृष्टिकोण से यही करना सर्वोत्तम था—मगर चूँकि सरकार अभी भी थोड़ी-बहुत सरकार थी, पूरी तरह दूकान नहीं हो गई थी और चुनाव के जरिए बनती थी—इसलिए उसने जल्दबाजी नहीं दिखाई और घोषणा की कि सरकार को कोई एतराज नहीं है। अगर गरीब अपने को अमीर कहलवाना चाहते हैं तो वह ऐसे प्रगतिशील कदम का स्वागत करेगी, लेकिन उसकी दिलचस्पी गरीबों को झूठमूठ अमीर कहने की बजाय उन्हें वास्तव में अमीर बनाने में है और उसके गरीबी उन्मूलन कार्यक्रम का उद्देश्य सिर्फ गरीबी हटाना नहीं है बल्कि गरीबों को अमीर बनाना और उनकी अमीरी को बढ़ाते जाना है। इस बारे में अगर गरीबों को कोई भ्रम है, तो वे दूर कर लें। अगर हमारी सरकार को जनता ने अगले बीस सालों तक चुना, तो भगवान की कृपा से हम देश को इस लक्ष्य के करीब पहुँचा देंगे। इस महान लक्ष्य की पूर्ति के लिए उसे विश्व बैंक, अन्तर्राष्ट्रीय मुद्राकोष आदि से कर्ज लेने में कोई परहेज नहीं है बल्कि सच्चाई यह है कि सरकार ने इस तरह के प्रस्ताव तैयार करके इन एजेंसियों को भेजने की पूरी तैयारी भी कर ली थी। यह प्रस्ताव अभी तक अमेरिका जा चुका होता और हमारे वित्तमन्त्री इसे पारित कराने के लिए स्वयं भी वाशिंगटन पहुँच चुके होते मगर गरीबों ने अधैर्य दिखाकर और असामाजिक तत्त्वों के भड़कावे में आकर अपना ही नुकसान किया है। यह उनका और साथ ही हमारे देश का दुर्भाग्य है कि गरीब भी अब उतावलापन दिखाने लगे हैं, जिनके धैर्य के कारण ही इस महान देश

की सभ्यता और संस्कृति हजारों वर्षों से टिकी हुई है, उन्हीं में इस प्रकार के लक्षणों को देखकर सरकार को निराशा होती है और भारी खतरे के संकेत नजर आ रहे हैं। गरीबों को चाहिए कि वे इस देश को विकास के पथ से विचलित करने के इन 'कुत्सित' प्रयासों को पुरजोर ढँग से नाकाम कर दें और विश्व को दिखा दें कि यहाँ गरीब-अमीर सब एक हैं। सरकार का गरीबों से अत्यन्त विनम्र अनुरोध है कि वे अपने को अमीर कहलवाने पर जोर न दें, क्योंकि इससे सरकार के गरीबी उन्मूलन के महान और महत्वाकांक्षी लक्ष्य को गहरा धक्का लगेगा। गरीबी उन्मूलन के लिए अन्तर्राष्ट्रीय वित्तीय संस्थाओं से सस्ती दर पर कर्ज लेने में बाधा पड़ेगी। देश के गरीब ही अपने को अमीर कहने लगेंगे तो उनके उद्धार के लिए तब कर्ज कौन देगा ? इसके अलावा सरकार को अपने तमाम दस्तावेजों में आमूलचूल बदलाव करना पड़ेगा और इस प्रक्रिया में वह नौकरशाही के कुचक्र में फँस जाएगी और देश को 22वीं सदी में ले जाने का उसका स्वप्न, दुःस्वप्न में बदल जाएगा। वैसे भी गरीब शब्द का आविष्कार इस सरकार ने नहीं किया है। यह शब्द अत्यन्त प्राचीन है। विद्वान बताते हैं कि वेदों-पुराणों, उपनिषदों तक में इसका उल्लेख है और विश्व की सभी भाषाओं में यह शब्द पाया जाता है। इतिहास में आज तक किसी भी देश में गरीबों ने अपने को गरीब की जगह अमीर कहने पर जोर नहीं दिया है तो यहाँ क्यों ? हाँ गरीब-अमीर का भेद मिटाने की बातें जरूर हुई हैं। यह सरकार भी पूरी गम्भीरता और निष्ठा से गरीबी हटाने में लगी हुई है। उसके विरोधियों के अलावा किसी ने कभी सरकार की गम्भीरता तथा निष्ठा पर कोई प्रश्नचिह्न नहीं लगाया है। जहाँ तक हमारे विरोधियों का सवाल है, उनकी विश्वसनीयता इसी से स्पष्ट है कि जनता ने उन्हें विपक्ष में बैठाया है और हमें चुना है।

लेकिन गरीब सुन नहीं रहे थे। कोई उन्हें 'गलती से' या आदतन गरीब कह बैठता तो वे तुरन्त उसका पिटाई-समारोह कर देते। चूँकि मन्त्रियों-अफसरों और अमीरों को उन्हें गरीब कहने की हजारों साल पुरानी आदत थी, इसलिए कोई-न-कोई, किसी-न-किसी को गरीब कह देता या उन पर दया दिखाने की कोशिश में कभी-कभी इतना ज्यादा मगन हो जाता कि आँखों से आँसू और नाक से पानी बहाने लगता और पिट जाता। कभी-कभी दृश्य विचित्र होता। एक तरफ कोई मन्त्री या अफसर गरीबों के दर्द से विचलित होकर आँसू बहा रहा है और उधर गरीबों के हाथों मार खा रहा है। कभी-कभी वह मार खा-खाकर बेहोश हो जाता। स्थिति कारुणिक बन चुकी थी। हालत यह थी कि कोई मन्त्री, अफसर और अमीर पिटने से नहीं बचा था। गरीब इस तरह की धमकियाँ भी देने लगे थे कि आगे से गरीब कहा तो पिटाई के आगे की कार्रवाई भी सम्पन्न की जाएगी।

सारे देश में अव्यवस्था का नजारा था। जिन विदेशी पर्यटकों को देश की अर्थव्यवस्था का मुख्य आधार बनाने की जोर-शोर से कोशिशें हो रही थीं, वे आना बन्द हो चुके थे और जो आ चुके थे, वे अगली 'फ्लाइट' से वापस लौट रहे थे। देशी लोग भी स्वदेशी पर्यटन भूलते जा रहे थे। चारों ओर अमीरों में यही चर्चा थी कि पता नहीं

किस हरामजादे ने इन गरीबों के दिमाग इतने खराब कर दिए हैं कि वे अपने को अमीर कहलवाने से कम पर समझौता करने को तैयार नहीं हैं। इसके पीछे जरूर कोई अन्तर्राष्ट्रीय षड्यन्त्र है और हमारा देश उसका शिकार हो रहा है। इस पर समय रहते काबू नहीं पाया गया तो हमारा यह प्यारा-प्यारा, राजदुलारा, कभी सोने की चिड़िया रहा देश फिर से बर्बाद हो जाएगा। वे अक्सर इस बात से परेशान रहते कि गरीबों को यह मामूली-सी बात समझ में क्यों नहीं आ रही है कि सिर्फ उन्हें अमीर कहने से क्या लाभ हो जाने वाला है ? नाम से ही कुछ होता तो सारे अमीर चन्द अमीर होते और सारे जी. दास यानी गरीबदास गरीब होते। लेकिन ऐसा नहीं है। एक जी.दास तो केन्द्र सरकार के वरिष्ठ सचिव हैं और दूसरे एक राज्य सरकार में मन्त्री हैं और तीसरे अरबपति हो चुके हैं। शान्तिलाल नामक कई सज्जन ऐसे हैं जो हमेशा अशान्ति फैलाने के आरोप में पुलिस में बन्द होते रहते हैं और कई छोटेलाल छह-फुटे हैं। मगर इन गरीबों को कौन समझाए ? ये समझदार होते तो गरीब क्यों होते और गरीब होकर भी अमीर कहलाने पर जोर क्यों देते ?

गरीबों से शान्ति बनाए रखने की अपीलें करनेवालों में कई शंकराचार्य थे, कई मौलवी थे और कई पादरी थे, मगर गरीबों ने सारी अपीलें ठुकरा दीं। कोई भी 'समझदार' समझ नहीं पा रहा था कि इन 'नासमझों' का क्या करें ? सरकार के नवरत्न भी इतने परेशान थे कि अपनी समस्त कान्ति खो चुके थे और काँच के टूटे टुकड़ों की तरह कूड़ेदान में पड़े थे। सिर्फ शब्द बदल देने से क्या होता है, इस सीधी-सी समझाइश का कोई असर उन पर नहीं हो रहा था। स्थिति इतनी विकट हो चुकी थी कि एक बार तो सरकारी स्तर पर यह विचार किया जाने लगा कि अगर गरीब अपने को अमीर कहलवाकर खुश हैं तो उन्हें हो जाने दो, भाड़ में जाने दो, हमारे बाप का क्या जाता है। सरकार क्यों झंझट में पड़े ? आखिर वोट तो यही लोग देते हैं। इन्हें खुश करो और एक साल बाद की बजाय फौरन ही चुनाव करा डालो और जीतने के बाद इनमें से एक-एक का भुर्ता बना दो, इनकी ऐसी चटनी बना दो कि इनकी सात पीढ़ियाँ याद रखें। लेकिन सरकार ने अन्ततः इस बारे में सर्वदलीय सम्मेलन बुलाकर उसमें गरीबों से अमीर कहलाने की जिद न करने की सामूहिक अपील करने का फैसला किया।

लेकिन जिन्हें अमीर कहलवाने का परम्परागत अधिकार प्राप्त था, उन्होंने धमकी दे दी कि अगर गलती से भी सरकार ने गरीबों को अमीर कहने के बारे में सोचने की हिम्मत दिखाई तो वे इस देश को छोड़कर अमेरिका-इंग्लैंड वगैरह चले जाएँगे, हमेशा-हमेशा के लिए। यहाँ से अपना नाता तोड़ लेंगे और वहाँ से इस देश की इस कदर ऐसी-तैसी करते रहेंगे कि सिर्फ यहाँ के लोगों को अपनी-अपनी नानियाँ और दादियाँ ही याद नहीं आएँगी बल्कि इस देश का नाम भी संसार के नक्शे से हमेशा-हमेशा के लिए मिट जाएगा। तब करते रहना तुम गरीबों को खुश और उन्हें ज्यादा गरीब बनाने के लिए आर्थिक उदारीकरण कार्यक्रम चलाते रहना। कोई विदेशी इस देश के उद्योग-धन्धों में

पैसा नहीं लगाएगा और न शेयर बाजार में घुसेगा और राजनीतिको, तुम्हें सबसे ज्यादा तकलीफ होगी क्योंकि भ्रष्टाचार आदि के जो सुनहरे अवसर अभी तुम्हें आसानी से प्राप्त हैं, तब तुम्हें ये कौन प्रदान करेगा ?

लेकिन जब सरकार पर इसका भी असर नहीं हुआ तो अमीर अन्तर्राष्ट्रीय यानी अमेरिकी दबाव ले आए और सब कुछ फौरन ठीक हो गया यानी सरकार ने अपने कदम पीछे खींच लिए।

मगर समस्या विकट हो चुकी थी क्योंकि अब यह भी समझ में आने लगा था कि यह मामला सरकार और अमीरों को ही प्रभावित नहीं करता है बल्कि अमेरिका, ब्रिटेन, फ्रांस, रूस, जर्मनी, जापान वगैरह पर भी असर डालता है। यह मामला अर्थशास्त्र और भाषाशास्त्र का भी है। यानी जिधर देखो, उधर का मामला है। मामला समाजवादियों और कम्युनिस्टों का भी है। इसलिए अर्थशास्त्रियों ने गरीबों से अपील की कि वे अमीर-गरीब की परिभाषा बदलने का मामला इस नाजुक मौके पर उठाकर अर्थशास्त्र नामक प्राचीन एवं अत्यन्त विकसित शास्त्र का भट्टा न बैठाएँ जिसका आदिग्रन्थ चाणक्य ने लिखा था। उन्हें यह याद रखना चाहिए कि अर्थशास्त्र नामक ग्रन्थ की सबसे पहले रचना यहीं हुई थी और यह हमारे लिए सबसे गौरव की बात है। समाजशास्त्रियों से लेकर नृतत्वशास्त्रियों तक ने कुछ इसी तरह के बयान जारी किए। लेकिन मामला नहीं सुलझा तो नहीं सुलझा।

हार-थककर अमीरों ने एक समझौते का फार्मूला सुझाया कि अगर गरीब अपने को अमीर कहने पर जोर न दें तो वे भी उनको गरीब नहीं कहेंगे। यह भी हो सकता है कि गरीब और अमीर दोनों शब्दों को डिक्शनरी से निकाल दिया जाए और इसकी जगह नया शब्द सामूहिक रूप से ईजाद किया जाए। लेकिन एक बात स्पष्ट होनी चाहिए कि गरीब अपने लिए जिस शब्द का इस्तेमाल करेंगे उसे अमीर अपने लिए प्रयोग में नहीं लाएँगे। मान लीजिए कल से गरीब अपने को 'तसद' कहना शुरू कर देते हैं तो हम अपने लिए कोई दूसरा शब्द गढ़ेंगे। हमारी और उनकी पहचान किसी एक शब्द से नहीं हो सकती। अगर गरीबों को यह स्वीकार हो तो यह समझौता हो सकता है। अगर हम अमीर इतना बलिदान कर सकते हैं तो आखिर वे तो गरीब ही हैं। क्या वे राष्ट्र के व्यापक हित में इतना छोटा-सा भी त्याग नहीं कर सकते ? क्या सारे बलिदान हमें ही करने होंगे, जिनकी पहले से ही त्याग और बलिदान की सुदीर्घ परम्परा है ? जिसे विश्वास न हो, वह इतिहास की कोई भी किताब उठाकर पढ़ ले।

अमीरों के इस सुझाव का अमीर बिरादरी में व्यापक स्वागत हुआ और सबने कहा कि इससे ज्यादा विवेकसंगत कुछ और हो नहीं सकता। सबने माना कि अमीर और गरीब अलग-अलग कोटियाँ हैं और उन्हें अलग-अलग नामों से पुकारना ठीक रहेगा वरना सब गुड़गोबर हो जाएगा। सारी व्यवस्था चौपट हो जाएगी, सारी अवधारणाएँ गड्डमड्ड हो जाएँगी। लेकिन जिनके लिए यह था, उन्होंने नहीं माना। उन्होंने कहा कि हम तो अब अपने को अमीर ही कहेंगे। जिसे अपने को अमीर कहलवाने से परहेज

है, वह अपने लिए दूसरा नाम ढूँढ़ ले। समस्या अपने आप खत्म हो जाएगी। उनके पास इतने शब्दकोश हैं, इतने विद्वान हैं, इतना बड़ा ढाँचा है। वे आसानी से अपने लिए सुन्दर सा दूसरा कोई शब्द चुन सकते हैं। हम तो अभी सिर्फ एक शब्द ही माँग रहे हैं, अमीरों से उनकी अमीरी नहीं माँग रहे हैं। इसी पर इतना बावेला है, इतना-सा देने में इतनी कंजूसी है, तब आगे न जाने क्या होगा ?

इस सारे विवाद का समाज में व्यापक असर यह हुआ कि चोर कहने लगे कि सिपाही शब्द हमें बहुत प्यारा है और आज से हमें सिपाही कहा जाए और जो खुद को आज तक सिपाही कहते रहे हैं, वे अब चोर कहलाएँगे। अगर उन्होंने हमारी बात को नहीं मानी तो हम सिर्फ सिपाहियों के यहाँ चोरियाँ करेंगे और इतनी ज्यादा चोरियाँ करेंगे कि अपने को आज तक सिपाही कहलानेवालों की मिट्टी पलीद हो जाएगी। उन्होंने हमसे हमारा जो माल झटका है, वह सब हमारे पास फिर से लौट आएगा और वे हमेशा-हमेशा के लिए कंगाल हो जाएँगे। तब उनके पास वाकई चोरी करने के अलावा कोई काम नहीं रहेगा। उधर 'बेईमानों' ने कहा कि वे खबरदार जो हमसे रिश्वतें खाकर ईमानदार बने हुए हैं, हम इन 'ईमानदारों' की तथाकथित ईमानदारी को नंगा कर देंगे और मुहावरे में ही नहीं उन्हें सचमुच भी नंगा कर देंगे और बता देंगे कि ये रहे हमारे द्वारा पोषित-पल्लवित ईमानदार। हमें उन्हें कुत्तों से भी बदतर जिन्दगी जीने के लिए मजबूर कर देंगे। इसलिए अब से हमें 'ईमानदार' कहा जाएगा।

मामला जब बहुत बढ़ गया तो सरकार ने अपना नाम बदलकर जनता रख लिया और एक दिन गरीब जो अपने को अमीर कहने लगे थे, उन पर तड़ातड़ गोलियाँ बरसाकर मामला अपने हक में कर लिया। लेकिन सुनते हैं कि सरकार के इस दावे पर शक किया जा रहा है और स्थिति फिर से बिगड़ने लगी है।

राजा-प्रजा की प्रेमकथा

1

एक था राजा। एक दिन पता नहीं अचानक उसे कैसे और क्या हुआ कि उसे प्रजा से प्यार हो गया। वह प्रजा को देखकर गाने लगा, 'मुझे तुमसे प्यार है, प्यार है।''

राजा ही अगर अपनी प्रजा से प्यार करने पर उतारू हो जाए तो प्रजा बेचारी क्या कर सकती है ! राजा को प्यार है तो है ! उसे हक है जिससे चाहे प्यार करने का और जिसे वह प्यार करे उसका यह पुनीत कर्त्तव्य हो जाता है कि उसके प्यार को बर्दाश्त करे। आखिर प्रजा के भी तो राजा के प्रति कुछ दायित्व हैं।

प्यार हो गया तो जैसा कि राष्ट्रभाषा की तमाम फिल्मों में होता है, प्रजा को वह कभी झरने के पास तो कभी समुद्र के किनारे ले गया और उसने एक ही गाना लगातार गाया, 'मुझे तुमसे प्यार है।' चूँकि राजा को बहुत कुछ याद रखना होता है, इसीलिए उसे यह गाना भी सिर्फ इतना ही याद था, 'मुझे तुमसे प्यार है।'

प्रजा चकित-थकित थी इस प्यार से, मगर चूँकि राजा को उससे प्यार था तो वह भी राजा से प्यार करने लगी और जैसा कि एक जमाने के एक प्रसिद्ध फिल्मी गाने में कहा भी गया है, होते-होते प्यार हो ही जाता है। अतः प्रजा को भी राजा से प्यार हो गया। वैसे भी आखिर राजा से प्यार करना कौन नहीं चाहता और प्रजा तो सबसे ज्यादा यही चाहती है। इसीलिए वह भी गाने लगी, 'तुम्हें मुझसे प्यार है तो मुझे भी तुमसे प्यार है, प्यार है, प्यार है' और उसने आगे यह भी जोड़ दिया—''है न बोलो, 'बोलो-बोलो।'

इस तरह जब बहुत ज्यादा प्यार है, 'प्यार है, और है न, है न' हो चुका और इस विधि बहुत अर्सा बीत गया तो प्रजा ने राजा से एक दिन नम्र निवेदन किया कि मेरे राजाजी 'प्यार है, प्यार है और है न, है न' तो हम दोनों की तरफ से बहुत हो लिया, अब ऐसा करते हैं कि आप और मैं शादी कर लेते हैं। आप तो हो राजा और मैं हूँ गरीबनी परजा। शादी नहीं करोगे तो आपका तो कुछ भी नहीं बिगड़ेगा, मगर मेरी तो बहुत बदनामी हो जाएगी। मेरे चरित्तर के बारे में अभी से बहुत उल्टी-सुल्टी बातें होने लगी हैं। आज ही मैं डॉक्टर के पास गई थी, तो जी वो कहने लगा कि तू तो चार महीने के पेट से है। तू तो अब गिरवा भी नहीं सकती है और जी डॉक्टर है हरामी

की औलाद। उसके पेट में बात नहीं पचती है। वो बात को इधर-उधर फैला देता है। तो जी आप तो मेरे से शादी कर लो और अपन हसबेंड-वाइफ की तरह सुख से रहते हैं। है न बोलो-बोलो।

है न बोलो-बोलो, कुछ बोला नहीं यानी कि उसकी सिट्टी और पिट्टी दोनों एक-साथ गुम हो गई। उसने कहा : "तुम्हें ये बात पहले बतानी चाहिए थी, हमल गिराना तो आजकल बहुत आसान है। अपन चुपचाप गिरवा लेते, लेकिन अब वाकई बहुत देर हो चुकी है। मगर ये भी तुम अच्छी तरह समझ लो कि मुझे प्यार करना जितना अच्छा लगता है, शादी करना उतना नहीं और मैं अपने जीवन में हिन्दू विवाह अधिनियम का चूँकि कई-कई बार उल्लंघन कर चुका हूँ और परजा कई-कई बार इसकी चोरी-छिपे निन्दा कर चुकी है, इसलिए मैंने यह कसम खाई है कि मैं अब इसे नहीं मानूँगा। हाँ मैं इतना अवश्य कर सकता हूँ कि तुम्हें अपनी दासी बना लूँ। वैसे सच्ची बात तो ये है कि मैं तुमसे प्यार करता हूँ यही तुम्हारे लिए कम नहीं है। तुम्हारा राजा तुमसे प्यार करता है, ये तुम्हारे लिए गौरव की बात है। उसकी अवैध सन्तान की तुम माँ बननेवाली हो, ये क्या कम है !" तुम्हें तो इसी बात से खुश रहना चाहिए और इसी खुशी में जिन्दगी काट देनी चाहिए।

लेकिन वो राजा की प्रजा थी, सो जिद पर अड़ गई और उसने कहा, "मैं शादी तो तुम्हीं से करके रहूँगी। नहीं मानोगे तो मैं गांधी बाबा का अस्त्र अनशन का इस्तेमाल तुम्हारे महल के आगे करूँगी और तुम्हें सारी दुनिया में बदनाम कर दूँगी कि पहले तो इस राजा ने प्रजा से प्रेम का जबर्दस्ती नाटक किया और जब उसे पेट रह गया है तो इसने शादी से इंकार कर दिया। मैं डरनेवाली नहीं हूँ, ये भी अच्छी तरह समझ लेना। क्या समझे।"

प्रजा अड़ गई तो राजा को तो खानदानी हक था अड़ने का। वह भी अड़ गया। प्रजा को गांधीवाद आता था तो उसे भी कई तरह के वाद और विवाद आते थे।

जाहिर है कि इसके बाद राजा और प्रजा में जो जबरदस्त टेंशन पैदा हो गया, जिसके परिणामस्वरूप प्रजा के गांधीवाद का अन्ततः क्या हुआ, यह तो नहीं मालूम और यह भी नहीं मालूम कि इसके बाद खुद प्रजा का क्या हुआ ! वह कहाँ गई और आज की तारीख में कहीं है या मरखप गई है या मार दी गई है। मगर राजा अभी है और सुनते हैं उसे प्रेम करने के लिए नई प्रजा की जरूरत है। उसने विदेश से प्रजा के आयात करने की बात कर ली है जो कि अन्तिम चरण में है और राजा इसके लिए आयात सब्सिडी भी देने के लिए तैयार है।

2

यह उन दिनों की बात है जब राजा और प्रजा में प्रेम बस शुरू ही हुआ था।

प्रजा भौचक थी कि राजा को आखिर हो क्या गया है ! ऐसा होता तो नहीं है कि राजा को प्रजा से प्रेम हो जाए। कहीं दुनिया के तमाम देशों की तरह इस देश में

जनतन्त्र तो आनेवाला नहीं है और ऐसा तो नहीं है कि यह राजा चुनाव लड़ेगा क्योंकि चुनाव आने पर ही प्रजा से राजा के अकस्मात प्रेम हो जाने के उदाहरण इतिहास के तमाम पन्नों में मिलते हैं।

इसलिए एक दिन जब राजा 'प्यार है प्यार है' गाकर–क्या चीखकर–बुरी तरह थक चुका था और आगे कुछ और करने के लिए उतावला हो रहा था, तो प्रजा ने राजा के बालों में प्रेमपूर्वक हाथ फिराते हुए पूछा, "अच्छा राजाजी यह तो बताओ कि आपने हममें ऐसा क्या अचानक देखा जो आपको हमसे प्यार हो गया, सच-सच बताइए मेरी कसम है। कहीं आप हमें 'प्यार है प्यार है' कहकर बहका तो नहीं रहे हैं ? कहीं आप लोकतन्त्र लाकर हमें परजा से जनता बनानेवाले तो नहीं हैं ? अगर ऐसा है तो भी हमसे न छिपाइए। हम भी आप से कहाँ कुछ छुपाते हैं ! आप हमें बेधड़क होकर बताइए। धड़क हमें पसन्द नहीं है।"

प्रजा की ये भोली-भोली बातें सुनकर राजा को प्रजा पर और ज्यादा प्यार आने लगा। उन्होंने प्रजा के गले में बाँहें डालते हुए और उसके गालों को चूमते हुए कहा–"पगली प्रेम में इतना अविश्वास ? मेरी परजा, यह किस किताब में लिखा है कि राजा को प्रजा से प्यार हो ही नहीं सकता। क्या इतिहास में ऐसे राजा नहीं हुए हैं जिन्होंने प्रजा से प्यार किया है और उसके लिए बलिदान हो गए ? कहो तो तुम्हें हम अभी ऐसे पचास राजाओं के नाम बता देते हैं। दो-चार इतिहासकार मेरे आगे-पीछे घूमते रहते हैं, वे बाहर अटेंशन की मुद्रा में खड़े होंगे। मुझे भी उनका इस तरह खड़ा रहना अच्छा लगता है। उन्हें ये सारे नाम रटे हुए हैं। कहो तो उनकी प्रतियोगिता करा देते हैं कि कौन उनमें से पहले ऐसे पचास राजाओं के नाम बताता है, उसे हम अपना सोने का यह हार उपहार में देंगे। देखना बच्चे की तरह फटाफट नाम उगलने लगेंगे। मगर छोड़ो इतिहास के पचड़े और प्यार करो। मुझे तुमसे प्यार है, प्यार है।"

लेकिन प्रजा की शंकाओं का समाधान नहीं हुआ था, इसलिए उसने इन बातों में आकर राजा के करीब आने की बजाय उससे दूर जाना ज्यादा उचित समझा और राजा से पर्याप्त दूरी रखते हुए कहा–"आप पहले हमारी शंका का समाधान करिए, तब हम आपके करीब आएँगे। पहले तो आप हमारी तरफ फूटी आँखों नहीं देखते थे, बल्कि हमें देखकर अपना मुँह दूसरी तरफ फेर लेते थे। फिर भी हम आपको देखते थे और सोचते थे कि काश क्या कभी ऐसा दिन भी आएगा, जब राजाजी की नजर हम गरीब-गुरबन पर भी पड़ेगी और हमारा अटल विश्वास था कि ऐसा कभी नहीं होगा लेकिन अब तो आप सिर्फ हमें ही देखा करते हो और सिर्फ हमारे बारे में ही सोचते रहते हो। सच बताएँ कभी-कभी तो हम बोर हो जाते हैं कि हे राम कभी तो इनकी नजर हम पर से हटे और हम कुछ और काम करें मगर हमारे राजाजी कुछ करने दें, तब न ! आजकल तो ऐसा लगे है कि आपके पास हमसे प्रेम करने के अलावा कोई काम ही नहीं है। मन होता है कि आपको जोर की डाँट लगा दें। समझे न आप। हम आप पर अपना इतना ज्यादा अधिकार समझने लगे हैं। लेकिन अब तो राजाजी

सच-सच बताइए कि इस प्रेम का रहस्य आखिर क्या है ? कोई तो होगा।"

राजा ने उस रहस्य को बताने की बजाय रहस्यमय मुस्कराहट के साथ सिर्फ इतना कहा कि बात इतनी-सी है कि प्रजा कि पहले तुम वयस्क नहीं थीं और अब हो। अब अवयस्क से प्यार करके फालतू के लफड़े में पड़ना नहीं चाहते थे।

3

यह उन दिनों की बात है जब राजा और प्रजा का प्रेम परवान चढ़ रहा था।

राजा, प्रजा के प्रेम में बुरी तरह पागल था। प्रजा कहती कि ऐ राजा यहाँ खड़ा हो जा और बिल्कुल हिलना-डुलना मत, तो वह छोटे बच्चे की तरह कहना मानता था और प्रजा कहती कि ऐ राजा वहाँ धूप में बैठ जा और वहाँ मेरा इन्तजार कर तो वह बिना कोई सवाल किए चुपचाप बिल्कुल राजा बेटे की तरह बैठ जाता था। वह कहती कि सुबह को शाम कह और गा-गाकर कह तो वह गा-गाकर सुबह को शाम बल्कि रात तक कह देता था और अगर परजा उसे राजा की बजाय रजवा भी कह देती, तो भी प्रेम में पागल राजा सिर्फ मुस्करा देता था। प्रजा उन दिनों कहने लगी थी कि ऐसा राजा न पहले हुआ था, न भविष्य में कभी होगा। प्रजा का ऐसा ताबेदार राजा तो इतिहास की किताबों में भी दिया लेकर ढूँढ़ने से भी नहीं मिलेगा। दूसरे शब्दों में जनतन्त्र में जो स्थिति चुनाव के समय जनता की हो जाया करती है, वही थी बल्कि उससे भी कहीं बेहतर थी।

राजा और प्रजा के अद्भुत प्रेम की यह गाथा चारों ओर पताका की तरह फहरा रही थी। यहाँ तक कि राजधानी इस प्रेम के कारण टूरिस्ट-आकर्षण का केन्द्र बन चुकी थी। हवाई जहाज में भर-भरकर लोग विदेशों से आ रहे थे, तो जाहिर है कि फिर देसी क्यों पीछे रहते ? वे भी जैसे-तैसे आने लगे। हालत यह हो चुकी थी कि टूरिस्टों ने ताजमहल जाना छोड़ दिया था और वहाँ के टूरिस्ट गाइड भूखों मरने से बचने के लिए यहाँ आ चुके थे और दनादन कमाकर खुश थे।

उधर ताजमहल की इतनी उपेक्षा होने लगी थी कि उसके गिरने की आशंकाएँ होने लगीं, तो भी न सरकार जागी, न जनता। वह तो स्थानीय ताँगेवालों और टैम्पोंवालों को दया आ गई क्योंकि कभी इसी ताजमहल के कारण उनकी रोजी-रोटी ठीक से चल रही थी, तो उन्होंने चन्दा इकट्ठा करके उसे किसी तरह बचाया। इसके पीछे उनका यह विचार था कि जब बारह साल में घूरे के दिन भी फिर जाते हैं तो यह तो ताजमहल है। इसके दिन फिर से फिरेंगे और हम फिर से मौज करेंगे।

राजा और प्रजा के प्रेम की इस अद्भुत गाथा को खुद अपनी आँखों के सामने घटता देखकर विदेशी इतने भावविह्वल हो जाया करते थे कि भारतीय संस्कृति की कीर्ति गाथा गाते हुए वे स्वदेश जाते थे और वहाँ से और भी हवाई जहाज भर टूरिस्टों को यहाँ भेजते थे। उन दिनों 'न्यूयार्क टाइम्स' और 'गार्डियन' में सिर्फ यही खबरें छप रही थीं और इससे उनकी बिक्री इतनी तेजी से बढ़ रही थी कि मालिकान घबरा उठे थे

कि इस तरह हमारे अखबारों का सर्कुलेशन बढ़ता रहा तो हमारा दिवाला पिट जाएगा। टी.वी. चैनलों ने इस प्रेम-प्रसंग का लाइव प्रसारण शुरू कर दिया था एवं राजा तथा प्रजा दोनों को तगड़ी रायल्टी मिल रही थी। संयोग से यह अच्छा हुआ कि उस समय 'कौन बनेगा करोड़पति' नामक टी.वी. सीरियल का प्रसारण नहीं हो रहा था, वरना अमिताभ बच्चन का जो होता सो होता, स्टार टी.वी. किसी लल्लू-पंजू के हाथों बिक जाता और इतिहास में यह अध्याय काले अक्षरों में लिखा जाता।

ऐसे अद्‌भुत समय में एक लोकतान्त्रिक देश का एक सुन्दर-सा राजकुमार—जो परीकथाओं में तो मिलता है मगर यथार्थ में शार्टसप्लाय में रहता है—वह भी भारत-वर्ष आया और प्रजा की तरफ घूर-घूरकर देखने लगा। वह शायद सोच रहा था कि काश मेरे पिताजी की प्रजा भी ऐसी ही होती तो हमारे यहाँ लोकतन्त्र की जरूरत ही क्यों पड़ती ! वह प्रजा की तरफ घूरकर देखने लगा तो प्रजा भी उसकी तरफ एकटक देखने लगी और देखती चली गई और अपने आपको जैसे भूल-सी गई। दोनों में जोरदार किस्म की घूरा-घूरी हो रही थी।

राजा ने जब यह देखा तो वह आगबबूला हो गया कि मेरे प्रेम का यह दुश्मन कहाँ से आन टपका ! उसने फौरन ही उस राजकुमार को अपने पास बुलाया और उसके चूतड़ों पर स्वयं दो लातें जमाईं और फिर उसके पिताजी का नाम पूछा और तब कहा—"केवल विश्वशान्ति के हित में मैं तेरा इससे ज्यादा अपमान करना नहीं चाहता वरना तो तुझे मैं सूली से लटकवा देता और चौराहे पर तेरी लाश चील-कव्वे खा जाते। तू ऐसा कर कि फौरन से पेश्तर यहाँ से रवाना हो जा और कभी गलती से भी इधर की तरफ मुँह मत करियो। जा बहन...मैं उस रंडी को भी देखता हूँ।"

इसके उपरान्त वह खुद आत्महत्या करने के लिए कुएँ की तरफ बढ़ने लगा। और जैसी कि उम्मीद थी और जैसा कि मुम्बई की हर सफल-असफल फिल्म में होता है, वैसा ही हुआ। तभी प्रजा, राजा का रास्ता रोककर बीच में खड़ी हो गई और उसने आँखों में आए आँसुओं को आँचल से पोंछते हुए कहा कि "हे प्राणनाथ आप किधर को चले। लोग बताते हैं कि आप कुएँ में कूदने जा रहे हैं तो कृपया मुझे भी ले चलिए क्योंकि कोई अपराध हुआ है तो वह मुझसे हुआ है, उसकी सजा मुझे दीजिए, आप अपनी जिन्दगी से व्यर्थ हाथ क्यों धोते हैं। यह मानव का चोला बार-बार नहीं मिलता, इसे इस प्रकार मत गँवाइए।"

उसने फिर थोड़ी-सी साँस लेकर और सुबकते हुए कहा, "राजाजी अगर आप मरे तो समझो आपके पीछे-पीछे हम भी मरे। राजाजी आप सच्ची मानो, हमें उस राजकुमार से परेम-वरेम कुछ नहीं था। वह तो जैसे माँ का बच्चे के प्रति प्रेम होता है वैसा ही था। मेरे राजा, आप उसे गलत समझ बैठे। आपका-हमारा प्रेम तो अजर-अमर है इसलिए आप मत मरिए और आप इजाजत दें तो हम भी नहीं मरते हैं। वरना आप आदेश करो तो हम पहले कुएँ में कूद जाते हैं। हमें बस यही डर है कि इस देश में हमारी-आपकी प्रेम की वजह से जो इतने सारे टूरिस्ट आ रहे हैं और उससे जो इतनी

आमदनी हो रही है वो बन्द हो जाएगी। वो आना बन्द हो गए तो जो उनके पीछे-पीछे फारेन इनवेस्टमेट आनेवाला है, वह नहीं आएगा। आनेवाली पीढ़ियाँ आपको कम और हमें ज्यादा गालियाँ देंगी कि हमारे कारण यह हुआ और हमने आर्थिक उदारीकरण की प्रक्रिया को अधबीच में छोड़ दिया और इसे विकासशील से विकसित देश बनने का जो सुनहरा अवसर प्राप्त हो रहा था, उसे अपनी जिद के कारण गँवा दिया। बाकी आपकी मर्जी। हम तो आपके हैं सनम। लेकिन आपकी तरह ही मेरे सामने भी देश ही प्रथम रहता आया है। क्या मैं कूदूँ कुएँ में ?''

प्रेम में पड़े राजा के लिए इतने मार्मिक शब्द काफी थे, हालाँकि एक अच्छे और सधे हुए प्रेमी की तरह उसने पहले ''हट जा मेरे रास्ते से मुझे मर जाने दे। मैं तेरी नस-नस जान गया हूँ'' वगैरह कहा जिसे कि प्रजा ने आँखों से आँसू सायास बहाते हुए धैर्यपूर्वक सुना। फिर राजा स्वयं रोते-रोते प्रजा के गले से लिपट गया, उसे पागलों की तरह चूमने-चाटने लगा एवं राजधानी लौट आया और पुनः प्रजा के हित में उससे प्रेम करने लगा। मामला फारेन इंवेस्टमेंट का जो था !

4

यह भी कभी उन्हीं दिनों की बात रही होगी। प्रजा के प्रेम में पागल राजा ने चन्द सड़कें बनवा दी थीं, कुछ कुएँ खुदवा दिए थे, थोड़े से पुल बनवा दिए थे, चार-छह डिस्पेंसरियाँ खुलवा दी थीं और खूब सारा प्रचार करवा दिया था। प्रजा उन दिनों खूब उत्साहित थी और राजा की जयजयकार करने में व्यस्त थी। कुछ सिरफिरे इतने उत्साह में थे कि 'राजा अमर रहे' के नारे लगाने लगे थे, बिना यह समझे कि इसका मतलब क्या होता है। वह तो भला हो समझदारों का कि उन्होंने इसका सही अर्थ समझा दिया और ये नारे लगने बन्द हो गए।

उत्साहित प्रजा ने एक दिन राजा से बातों ही बातों में यह कह दिया ''राजा तुम तो महल में रहते हो और तुम जिसके प्रेम में आजकल पागल हो, वह प्रजा झोंपड़ियों में रहती है, यह आपको शोभा नहीं देता। विदेशी टूरिस्ट भी अब इस अन्तर्विरोध की चर्चा करने लगे हैं और इससे तुम्हारी-हमारी ही नहीं जान से प्यारे हमारे देश की भी बदनामी होने लगी है। विदेशी कहने लगे हैं कि यह कैसा प्रेम है और लेटेस्ट रिपोर्ट यह भी है कि विदेशी टूरिस्ट यहाँ आना कम हो रहे हैं और फिर से ताजमहल की तूती बोलने लगी है। इसलिए हे राजन, अब हमारे लिए भी आप भले ही एक छोटा-सा ही सही महल बनवा दो ताकि हम दुनिया से कह सकें कि हमारा-तुम्हारा प्यार सच्चा है।''

यह सुनकर राजा आगबबूला हो गया और उसने आव देखा न ताव, प्रजा को अविलम्ब दो झापड़ रसीद कर दिए और कहा कि मैं तुमसे प्रेम करता हूँ इसका मतलब यह नहीं कि तुम अपनी असली औकात भूल जाओ। आदमी वही अच्छा लगता है जो अपनी औकात में रहे। जैसे मैं कभी नहीं भूलता कि मैं राजा हूँ, उसी तरह तुम्हें भी

नहीं भूलना चाहिए कि तुम प्रजा हो। फिर जब उसका क्रोध कुछ शान्त हुआ तो उसने प्रजा को समझाना शुरू किया, "नियति को आज तक कौन बदल सका है। और हम हैं ही क्या—सिर्फ उस परमपिता परमेश्वर के हाथों के पुतले ! इसलिए तुम महल की बात भूल जाओ और किसी के भड़कावे में मत आओ और आनन्दपूर्वक झोपड़ियों में भूख का आनन्द लेते हुए जीवन व्यतीत करो। हमारे-तुम्हारे प्यार से दरअसल दुनिया जलने लगी है और वह आजकल तरह-तरह की गलतफहमियाँ पैदा करने लगी है। मैं तो सावधान हूँ। तुम भी इस प्रेम की खातिर सावधान रहो।"

प्रजा तो खैर समझदार थी ही। गलती भी तो आखिर इंसान से ही होती है इसलिए उसे अपनी भूल समझ में आ गई और उसने तुरन्त ही राजा से माफी माँग ली।

राजा ने खैर माफी तो दे दी, मगर उसे उसी दिन से खटका हो गया कि प्रजा बहुत महत्वाकांक्षी होती जा रही है और इसे कंट्रोल में रखना पड़ेगा वरना एक दिन मामला हाथ से निकल जाएगा। किसी दिन मेरे खुफियातन्त्र को धता बताते हुए वह राजकुमार फिर से आएगा और यह उसके साथ भाग जाएगी और मैं टापता रह जाऊँगा, जैसा कि प्रेम प्रसंगों में पहले भी होता आया है।

और उसने उसी दिन से सार्वजनिक रूप से प्रजा के साथ गाना गाना बन्द कर दिया तथा बागीचों आदि में उसे लेकर घूमना बन्द कर दिया, हालाँकि महल से जारी होनेवाली प्रेस विज्ञप्तियों में कहा जाता था कि राजा और प्रजा में प्रेम दिनोंदिन परवान चढ़ता जा रहा है और खासतौर पर अब तो इतना चढ़ चुका है कि दोनों को उसका सार्वजनिक प्रदर्शन करना भी अनुचित लगने लगा है। प्रजा का विशेष आग्रह है कि प्रेम का सार्वजनीकरण न किया जाए और राजा, प्रजा का दिल नहीं दुखा सकते।

5

राजा-प्रजा के प्रेम के उन घनघोर दिनों में एक दिन ऐसा भी हुआ।

रानी कई दिनों से देख रही थी कि राजा को उससे ज्यादा प्रेम अपनी प्रजा से है तो एक दिन वह चिन्तित हुई और उसने फौरन अपने महल में तैनात हिजड़ों से कहा कि जाओ और जाकर जरा पता लगाओ कि माजरा क्या है। यह प्रजा नामक सुन्दरी किस देश की है, इसका कुलगोत्र क्या है और इसमें ऐसा क्या है, जो हममें और हमारी दासियों में नहीं है ?

लेकिन जब पता चला कि यह प्रजा वही मुई गरीब-गुरबा परजा है और राजाजी अपनी किसी खास राजनीति के तहत इससे प्रेम की पेंगें बढ़ा रहे हैं और दोनों में अक्सर खटपट होने लगी है और विशेषज्ञों का कहना है कि बस चन्द दिनों की बात है, फिर से राजा 'नार्मल' हो जाएँगे तो रानी निश्चिन्त हुई और राजा के सात पहरे के बावजूद अपने बेटे की उम्र के प्रेमी से फिर से प्यार करने में व्यस्त हो गई।

6

यह भी उन्हीं दिनों की बात है। इसकी तो तारीख भी कहीं डायरी में लिखी थी, जो इस समय मिल नहीं रही है।

प्रजा के प्रति उस समय राजा की आसक्ति इतनी बढ़ चुकी थी कि दिन हो या रात, राजा हमेशा प्रजा-प्रजा की माला जपता रहता था। उसे समझाने की तमाम कोशिशें नाकाम हो चुकी थीं।

हालत उन दिनों यह हो चुकी थी कि उसके मन्त्री कोई प्रस्ताव या सुझाव लेकर आते तो वह कहता कि मुझे तो कोई आपत्ति नहीं है मगर हमारे राज्य में कोई भी काम प्रजा से पूछे बिना नहीं होना चाहिए, इसलिए उससे पूछो और उसे मंजूर है तो इसे फौरन लागू करो।

अगले कुछ दिनों तक तो मन्त्रियों ने वही किया जो राजा ने कहा था, यानी हर बात प्रजा से पूछकर, उसे बताकर, उससे सहमति प्राप्त करके की मगर एक सीमा के बाद उन्होंने विद्रोह कर दिया और वे अपने-अपने इस्तीफे ले-लेकर राजा के पास पहुँचने लगे और कहने लगे कि आप अपना सारा काम प्रजा से ही पूछकर करवाना चाहते हो, तो करवाओ, फिर हमारी जरूरत क्या है ? प्रजा प्रस्ताव और सुझाव भी दे दिया करेगी। आखिर राजा और मन्त्रियों के बीच कोई तो बात ऐसी होनी चाहिए जो उन्हीं के बीच रहे वरना मन्त्री होने का क्या मजा ! और अगर आपको हमारी यह बात मंजूर नहीं है तो हम जाते हैं। हमारी कद्रदाँ और राज्यों में भी हैं। वास्तविकता यह है कि उन्होंने हमारी यहाँ बेकद्री होते देख हमें आमन्त्रित कर लिया है और हम तो चले।''

उनकी यह बात सुनकर राजा के होश फाख्ता हो गए और उसने हर फाइल पर खुद ही यह लिखना शुरू कर दिया कि प्रजा से अनुमति ले ली गई है।

7

राजा-प्रजा के बीच मोहभंग की शुरुआत हो चुकी थी।

एक दिन एक पेड़ के नीचे खड़ा होकर राजा, प्रजा का बेताबी से इन्तजार कर रहा था। थोड़ी देर में उसने देखा प्रजा तो आ रही है मगर उसके कपड़े बुरी तरह फटे हैं, बाल बिखरे हैं और वह घबराई हुई-सी है।

यह देखकर राजा एकदम परेशान हो गया। डॉक्टरों ने उसका ब्लड प्रेशर नापा, जो बेहद बढ़ चुका था और उसे तुरन्त आई.सी.यू. में भर्ती करने की जरूरत थी। लेकिन उसने भर्ती होने से बलपूर्वक इंकार करते हुए चिन्तित स्वर में प्रजा से पूछा, 'क्यों क्या हुआ है। क्या किसी ने तुम्हारे साथ बदतमीजी की है, मारा-पीटा है ? बताओ, जल्दी से बताओ, वरना ये दुष्ट डॉक्टर तुम्हें पकड़कर आई.सी.यू. में जबर्दस्ती पटक देंगे और चार दिन तक तुम्हें बाहर नहीं आने देंगे। तुमसे मुझे मिलने नहीं देंगे। पता नहीं, तब तक तुम्हारा क्या हो। तुम कहो तो मैं अभी उस बदमाश का सिर धड़

से अलग करवा देता हूँ।''

प्रजा कुछ नहीं बोली, सिर्फ रोती रही और राजा की बेचैनी बढ़ाती रही। डॉक्टर उसे अपनी तरफ खींचकर पूछ रहा था और चीख-चीखकर कह रहा था, ''बताओ, बतातीं क्यों नहीं। मैं उसके टुकड़े-टुकड़े खुद कर दूँगा। लाना तो मेरी तलवार।''

अन्ततः प्रजा को बताना पड़ा कि उसके साथ राजा के अपने ही लोगों ने सामूहिक बलात्कार किया है और वह बारह घंटे तक बेहोश थी।

राजा यह सुनकर सोच में पड़ गया। फिर उसने अचानक गुस्से से कहा : ''तू चली जा यहाँ से रंडी। मेरे सामने नखरे बनाती है ? मेरे लोगों को बदनाम करती है ? तेरा कैरेक्टर तो मैंने उसी दिन देख लिया था, जब तू उस भोले से राजकुमार की तरफ टुकुर-टुकुर, टुकुर-टुकुर ताक रही थी। आज से तू मेरे काम की नहीं रही। जा चली जा, अपने उसी यार के पास। अब क्यों नहीं जाती ? खड़ी क्यों हुई है—यहाँ भैंस की तरह ? प्रजा की तो जात ही नीच होती है, यह तो शासन करने के लायक ही है, प्रेम करने लायक नहीं और इतना कहकर वह महल में चला गया। अब रानी के बुरे दिन शुरू हो चुके थे क्योंकि उसे राजा से चौबीसों घंटे प्यार करना पड़ रहा था।

सरकार और जनता

भ्रष्टाचार

सरकार चिन्तित है कि देश में भ्रष्टाचार बहुत है और हमारे देश का नाम भ्रष्ट देशों की सूची में काफी ऊपर आने लगा है। सरकार बहुत चाहती है कि यह बीमारी देश से जल्दी से जल्दी खत्म हो। सरकार भ्रष्टाचार मिटाने के लिए बहुत कुछ कर रही है। सरकार ने हाल ही में एक महकमा भ्रष्टाचार मिटाने के लिए खोला है और अगर इस महकमे पर भी भ्रष्टाचार के आरोप लगे तो इसकी जाँच के लिए सरकार एक और महकमा खोलने से भी नहीं हिचकिचाएगी। भ्रष्टाचार मिटाने के लिए उसे एक क्या सौ महकमे भी खोलने पड़े तो वह खोलेगी, क्योंकि वह सब कुछ बर्दाश्त कर सकती है मगर भ्रष्टाचार नहीं।

सरकार भ्रष्टाचार को मिटाने की दिशा में एक मौलिक पहल यह करने जा रही है कि वह एक आयोग बिठाएगी, जो इस बात की जाँच करेगा कि भ्रष्टाचार की जड़ें कहाँ हैं और कहाँ-कहाँ तक फैली हुई हैं ताकि उन पर गम्भीरतापूर्वक सांघातिक आघात किया जा सके। यह आयोग चाहे इस काम में पाँच साल लगाए या दस या पन्द्रह या बीस--मगर भ्रष्टाचार की जड़ों का पता जरूर लगाएगा, क्योंकि आज सबसे बड़ी समस्या सरकार के सामने यह आ रही है कि भ्रष्टाचार की जड़ों का पता ही नहीं चल रहा है और हम तने, फूल, पत्ती पर वार करके खुश हो रहे हैं।

वन-विनाश

सरकार निश्चय ही वनों का विनाश रोकना चाहती है और वह बहुत शिद्दत से महसूस करती है कि वक्त आ चुका है कि जब वनों का विनाश पूरी तरह रोक दिया जाना चाहिए वरना पूरी मनुष्य जाति को इसकी कीमत चुकानी पड़ेगी।

अक्सर लोग पूछते हैं कि सरकार के इरादे अगर इतने ज्यादा नेक हैं तो फिर वह वन-विनाश को रोक क्यों नहीं रही है सवाल वाजिब है और इसका जवाब यह है कि यह सरकार जनतान्त्रिक है और वह सब जगह डेमोक्रेसी देखना चाहती है--जंगल में भी। मान लीजिए वह जोश में आकर जंगलों का विनाश रोक देती है तो जंगल बचे रहेंगे और जंगल बचे रहेंगे तो उनमें पशु-पक्षी बचे रहेंगे और जब पशु-पक्षी बचे रहेंगे तो

स्वाभाविक है कि वे शेर को अपना राजा बनाते रहेंगे यानी जंगल में राजशाही बनी रहेगी और वह दिनों-दिन मजबूत होती चली जाएगी मगर सरकार के पास ऐसा कोई जादू का डंडा भी नहीं है जिससे वह शेरों को समझा सके कि डेमोक्रेसी का जमाना है और उन्हें सुधर जाना चाहिए। इसीलिए सरकार तब तक जंगलों को नष्ट होने देगी, जब तक कि सभी शेरों को यह समझ में नहीं आ जाता कि राजशाही की बजाय जंगलों को बचना ज्यादा जरूरी है और जंगलों को बचाने के लिए उन्हें जंगलों में डेमोक्रेसी लाना होगा। इस प्रक्रिया को सम्पन्न करने में चूँकि काफी वक्त लगेगा, इसलिए फिलहाल जंगलों को नष्ट करने का अभियान चलाना जरूरी है और जंगल तभी नष्ट हो सकते हैं, जब इस काम में ठेकेदार और तस्कर संयुक्त रूप से सरकार की मदद करें और वे मदद तभी करेंगे, जब उन्हें इसमें अपना फायदा नजर आएगा। वैसे तो सरकार यह जिम्मेदारी आदिवासियों की मदद करने के लिए उन्हें भी सौंपने के लिए तैयार है मगर वह अच्छी तरह जानती है कि उनके बस में जंगलों को नष्ट करना नहीं है, उससे जीवन-यापन करना है। वे पिछड़े हुए हैं और डेमोक्रेसी का असली महत्व नहीं समझते।

काला-सफेद

सरकार की यह दृढ़ मान्यता है कि काले को सफेद और सफेद को काला होने की स्वतन्त्रता होनी चाहिए। काले-सफेद के बीच भेदभाव अब और नहीं चल सकता। इसे मिटाना ही होगा। सरकार का यह रुख समानता के गहरे मानवीय सिद्धान्तों और संयुक्त राष्ट्र के विभिन्न घोषणापत्रों पर आधारित है। दुर्भाग्य से अभी तक ऐसी तकनालाजी का विकास नहीं हो सका है जो काले आदमी को सफेद और सफेद आदमी को—अगर चाहे तो—काला बना सके। अभी तक सिर्फ धन को काले से सफेद और सफेद से काला बनाने की तकनालाजी का ही सम्पूर्ण रूप से विकास हो पाया है। लेकिन कहीं से तो सरकार को रंगभेद मिटाने की ठोस शुरुआत करनी होगी, वरना दुनिया समझेगी कि हमारा देश सिर्फ जबानी जमाखर्च में विश्वास रखता है। अतः सरकार अर्थव्यवस्था को मजबूत बनाकर काले-सफेद धन का भेदभाव पूरी तरह मिटाने पर तुल गई है और अगले बजट में वह इस संकल्प को पूरा करके रहेगी, यह हमारा वायदा है। वह इस बारे में किसी भी किस्म के विरोध की परवाह नहीं करेगी।

गरीबी

सरकार तो खुद चाहती है कि इस देश से गरीबी जल्दी से जल्दी हट जाए लेकिन फिर भी नहीं हटी है तो यह समझना चाहिए है कि वह सरकार की इच्छा के विरुद्ध इस देश में बनी हुई है।

वैसे सरकार को गरीबी की विवशता समझ में आती है। गरीबी चूँकि प्राचीन काल से यहाँ है इसलिए उसे राम, कृष्ण, बुद्ध और महावीर का यह देश इतना अधिक प्यारा

लगने लगा है कि वह मानने लगी है कि आर्यों की तरह वह कहीं और से यहाँ नहीं आई है बल्कि यहीं की मूल निवासी है और चूँकि गरीबी का कोई नाम नहीं है सिर्फ गरीबी है, इसलिए कोई हिन्दूवादी उसे मुसलमान या ईसाई बताकर उसके विरुद्ध दंगे नहीं भड़का सकता। गरीबी इस स्थिति का पूरा फायदा उठाते हुए लगातार नारा लगा रही है—'सारे जहाँ से अच्छा, हिन्दोस्ताँ हमारा' और इसलिए पुलिस भी उसे बांग्लादेशी बताकर भारत से हँकालकर बाहर नहीं कर पा रही है।

इसका मतलब यह नहीं है कि सरकार चाहती है कि गरीबी यहाँ बनी रहे। वास्तविकता यह है कि आजकल उच्च स्तर पर इस बात पर विचार चल रहा है कि गरीबी को यहाँ से हटाकर आखिर कहाँ ले जाया जाए ! कई देशों की सरकारों से इस बारे में सर्वोच्च स्तर पर द्विपक्षीय और सार्थक बातचीत चल रही है कि जिस तरह से हम विभिन्न पश्चिमी देशों का परमाणु कचरा सहर्ष एवं ससम्मान यहाँ आयात कर रहे हैं, क्या उसी तरह पृथ्वी पर कुछ देश हमारी गरीबी का आयात नहीं कर सकते ? अगर कोई एशियाई या अफ्रीकी देश इसके लिए राजी हो जाता है तो हम उसे गरीबी का निर्यात कर देंगे। संकट केवल इतना है कि कहीं हिन्दूवादी यह न कहने लगें कि यह सरकार हमारे राष्ट्रीय गौरव का निर्यात मुस्लिम या ईसाई देश को कर रही है। लेकिन समय आने पर इस समस्या का समाधान भी निकल आएगा। हो सकता है कि मन्दिर बनाने की बजाय शिलादान स्वीकार करने जैसा कोई बीच का रास्ता निकल आए, जिसमें वे भी खुश रहे और हम भी खुश और खुश रहे हमारा यह प्यारा देश।

समाजवाद

सरकार चाहती है कि समाजवाद इस देश में आना चाहे तो बेशक आ जाए लेकिन उसे लाने की फुरसत अब सरकार के पास नहीं है। लिखी होगी संविधान में समाजवाद लाने की बात, मगर उस किताब में तो बहुत कुछ लिखा है। कुछ बातें सिर्फ इसीलिए खूबसूरत लगती हैं कि वे लिखी हुई होती हैं जैसे समाजवाद। वैसे भी जब दूसरे मुल्कों में समाजवाद फेल हो चुका है और फेल छात्रों को जब उनका स्कूल तक दुबारा दाखिला नहीं देता तो फिर हम तो देश की सरकार चला रहे हैं ? हम क्यों ऐसी गलती करें ? वैसे भी सरकार आजकल निजीकरण, उदारीकरण, ढाँचागत सुधार, वैश्वीकरण आदि लाने में इतनी ज्यादा व्यस्त है कि वह चाहे भी तो समाजवाद लाने के लिए फुरसत नहीं निकाल सकती। लेकिन जहाँ तक समाजवाद के स्वेच्छा से आने का प्रश्न है, इस देश में जब चोर, उचक्के, लफंगे, डकैत, आतंकवादी तक आ सकते हैं और जा भी सकते हैं तो समाजवाद जैसा भला-सा वाद क्यों नहीं आ सकता ? लेकिन वह भला-सा है, इसीलिए उसे वैध पासपोर्ट और वीसा के साथ ही आना होगा। पासपोर्ट उसे शायद ही कोई देश दे और कोई दे भी दे तो समाजवाद को अपने असली नाम से इस देश में आने का वीसा नहीं मिलेगा। वह बहुत कोशिश करेगा तो उस पर शक होगा कि

भूमंडलीकरण के इन सुनहरे बरसों में ये फड़तूस यहाँ क्यों आ रहा है क्योंकि एक बार यह यहाँ आ गया तो फिर जाएगा मुश्किल से। रूस में यह एक बार आ गया था तो कितनी मुश्किल से गया और चीन-क्यूबा से तो अभी तक पूरी तरह नहीं गया है। फिर भी उसे आना ही है यहाँ तो वह उदारीकरण, भूमंडलीकरण आदि के नाम से एप्लाय करे, तो शायद उसे वीसा मिल जाए। वह आए और अगर उसके पास कोई नया माल हो तो बेचे, मुनाफा कमाए और टाटा, बाई-बाई कहते हुए चला जाए। नो प्रोब्लम।

न्याय-1

सरकार चाहती है कि देश की जनता को सस्ता, सुन्दर और टिकाऊ न्याय मिले। उसकी बदकिस्मती कि अभी तक देश तरह-तरह की समस्याओं में फँसा रहा और उसे न्याय नहीं मिला। लाखों-लाख केस अदालतों में हैं और वकीलों की फीस सुरसा के मुँह की तरह बढ़ती जा रही है। सस्ता, सुन्दर और टिकाऊ न्याय आज भी एक सपना है, जिसे देखकर सरकार में बैठे मन्त्रियों और अफसरों को बहुत बढ़िया नींद आती है तथा सुबह वे फ्रेशनेस महसूस करते हैं। मगर सरकार एक-न-एक दिन सस्ते, सुन्दर, टिकाऊ न्याय के स्वप्न को भी साकार करके रहेगी। फिलहाल सरकार ने सस्ते, सुन्दर, टिकाऊ न्याय के बदले सस्ते, सुन्दर और टिकाऊ टी.वी., वाशिंग मशीन, सेल्यूलर फोन, कारें, शराब, हवाई यात्रा आदि का प्रबन्ध कर दिया है। जनता को विश्वास होना चाहिए कि यह हो गया है तो एक दिन वह भी आखिर हो ही जाएगा।

न्याय-2

सस्ता, सुन्दर और टिकाऊ न्याय वास्तव में एक सुस्वादु फल है। कोई भी फल तभी सुस्वादु होता है, जब वह स्वाभाविक रूप से पेड़ पर पके। इसके लिए जरूरी है कि फल को समय से पहले तोड़ा न जाए यानी धैर्य रखा जाए। कहावत भी है कि धैर्य का फल हमेशा मीठा होता है।

तो स्थिति यह है कि पेड़ पर न्यायरूपी फल लटका तो हुआ है मगर अभी कच्चा है। जब वह पकेगा तो लोग उसे खाएँगे और खाकर वाह-वाह करेंगे। कुछ लोग फल के पकने का इन्तजार करते-करते इतने थक चुके हैं कि वे चीख-चीखकर समय से पहले ही कहने लगे हैं कि फल पक चुका है और उसे तोड़ लो, मगर सरकार इसके पक्ष में नहीं है। यह चूँकि न्यायरूपी फल है, इसलिए इसका इतना पकना जरूरी है कि फल अपने आप नीचे गिर जाए और जब खानेवाले खाएँ तो कहें, वाह-वाह ये दिल माँगे मोर। कुछ लोगों का कहना है कि पेड़ पर फल के पकने का इन्तजार करने से नुकसान यह हो सकता है कि वह इतना ज्यादा पक जाए कि जब गिरे तो अन्दर से सड़ चुका हो। मगर सरकार इस खतरे को भी उठाने के लिए तैयार है, ताकि उसके ऊपर कोई यह तोहमत न लगा सके कि उसने फल तोड़ने में जल्दबाजी की। कोई भी जिम्मेदार

सरकार फल (चाहे वह न्याय का हो) को सड़ जाने देगी, मगर उसे कच्चा तोड़ लेने के आरोप से बचेगी और यह सरकार केवल यही कर रही है और इसके सिवाय कुछ नहीं कर रही है।

न्याय-3

सरकार तो खुद दूध का दूध और पानी का पानी करना चाहती है लेकिन आजकल जमाना मिलावट का है। इसमें उसकी और उसकी इसमें इतनी ज्यादा मिलावट हो रही है कि किसकी, किसमें क्या मिलावट हो रही है, इसका पता नहीं चलता। किसी चीज की शुद्धता की कोई गारंटी नहीं है। हवा में पेट्रोल मिला है और पेट्रोल में मिट्टी का तेल और उधर मिट्टी का तेल है कि बाजार में नहीं मिल रहा है।

हाँ तो सरकार दूध का दूध और पानी का पानी करना चाहती है। हमारे लोग चूँकि महान अकबर के जमाने से ही दूध में दूध डालने की बजाय दूध में पानी मिलाना सीख चुके हैं, इसीलिए आज वे इससे भी आगे जाने की कोशिश कर रहे हैं। स्थितियाँ इतनी बिगड़ चुकी हैं कि सरकार कभी दूध का दूध और पानी का पानी करने की कोशिश करती है तो पता चलता है कि दूध तो सूँघने के लिए भी नहीं है और पानी को पानी से अलग कैसे करें और यह पानी भी किसी नदी या कुएँ या बन्द बोतल का नहीं है, नाले का है और बदबू मार रहा हैं। उस स्थिति में सरकार किंकर्तव्यविमूढ़ हो जाती है और चाहकर भी कुछ नहीं कर पाती। लेकिन सरकार जानती है कि यह स्थिति ज्यादा चल नहीं सकती, इसीलिए सरकार का दृढ़ संकल्प है कि वह भी कुछ-न-कुछ ऐसा अवश्य करेगी, जिससे कि दूध में पानी की मिलावट फिर से शुरू हो सके, ताकि वह दूध का दूध और पानी का पानी कर सके। मगर वह कब करेगी और कैसे करेगी, अभी इस सम्बन्ध में निश्चित रूप से कुछ नहीं कहा जा सकता। लेट्स वेट एंड वाच।

मलेरिया

सरकार ने इस बात के कई बार प्रयास किए हैं कि मलेरिया उन्मूलन हो जाए। लेकिन सरकार अब इस निष्कर्ष पर पहुँची है कि सरकार जितनी मलेरिया उन्मूलन के प्रति दृढ़ प्रतिज्ञ है उससे भी ज्यादा मच्छर मलेरिया को बनाए रखने के प्रति संकल्पवान हैं।

इसलिए आज भी मलेरिया पर काबू पाने का सबसे उत्तम तरीका यही है कि मच्छर पैदा न हों, क्योंकि मच्छर हैं जहाँ, मलेरिया है वहाँ और मच्छर इसीलिए हैं वहाँ, क्योंकि गड्ढे हैं वहाँ और गड्ढे इसलिए हैं वहाँ कि जमीन है वहाँ और जमीन का कुछ नहीं किया जा सकता क्योंकि जमीन पर हम रहते हैं, उसमें अनाज बोते है। और बहुत कुछ ऐसा भी करते हैं, जो हमें नहीं करना चाहिए। और अगर जमीन होगी तो उस पर गड्ढे

भी होंगे और गड्ढे होंगे तो उनमें पानी भी भरेगा और उनमें पानी भरेगा तो मच्छर भी जन्म लेंगे और मच्छर जन्म लेंगे तो आदमी को काटेंगे भी और आदमी को काटेंगे तो आदमी को मलेरिया भी होगा और जब आदमी को मलेरिया होगा तो चूँकि वह नागरिक होता है, इसीलिए सरकार को उसकी चिन्ता भी होगी और जब सरकार के चिन्ता करने से भी कुछ नहीं होगा तो सरकार का दुख बढ़ेगा और जब सरकार का दुख बढ़ेगा तो उसे जनता से बाँटना चाहेगी और सरकार जब ऐसा करेगी तो जनता, सरकार पर हँसेगी। मगर उसका दर्द नहीं बाँटेगी, लेकिन सरकार भी जानती है कि लोकतन्त्र ऐसे ही चलता है इसीलिए वह दर्द को सहते हुए लोकतन्त्र को चलाती रहेगी। आखिर जनता करे न करे उसे तो जनता के प्रति अपने दायित्वों का निर्वाह करना ही होता है।

सड़क दुर्घटनाएँ

सरकार कतई नहीं चाहती कि सड़क दुर्घटनाएँ हों लेकिन सड़क हैं तो उन पर वाहन होंगे और उन वाहनों में तथा सड़कों पर लोग होंगे तो दुर्घटनाएँ भी होंगी। और जितनी सड़कें बढ़ेंगी, उतने ही वाहन भी बढ़ेंगे, उतने ही सड़कों पर और वाहनों में लोग भी बढ़ेंगे और फलतः मरेंगे भी ज्यादा। इससे स्वाभाविक रूप से देश की जनता को चिन्ता होगी और जनता को चिन्ता होगी तो सरकार को भी चिन्ता होगी। वह सड़क दुर्घटनाएँ रोकने के लिए तुरन्त कुछ ठोस उपाय करने की जरूरत महसूस करेगी।

पहले भी सरकार ने अनेक ठोस उपाय किए हैं। मगर ठोस उपाय बढ़ते गए और दुर्घटनाएँ भी बढ़ती गईं और लोग भी मरते गए। सरकार सड़क दुर्घटनाओं को रोकने के लिए कई महत्त्वपूर्ण अध्ययन करा रही है और कई कराये जा चुके हैं। जो अध्ययन हो चुके हैं उनका गहराई से अध्ययन कराया जा रहा है और जो अध्ययन होने हैं, उनके लिए उपयुक्त एजेंसियों की जोर-शोर से तलाश जारी है। भविष्य में भी जितने अध्ययनों की जरूरत होगी, सरकार आश्वस्त करती है कि वह अवश्य कराएगी क्योंकि उसका एकमात्र उद्देश्य ऐसे उपाय ढूँढ़ना है जिनसे सड़क दुर्घटनाएँ रुकें।

लेकिन समस्या यह है कि सड़कें हैं और बढ़ती जाएँगी। वाहन हैं और बढ़ते जाएँगे। यही बात लोगों पर भी लागू होती है। यह सब होगा तो फिर सड़क दुर्घटनाएँ तो होंगी ही। सड़क दुर्घटनाएँ होंगी तो लोग मरेंगे और लोग मरेंगे तो उनके रिश्तेदारों-मित्रों को दुख होगा और उनके दुख से सरकार भी दुखी होगी। और जब सरकार दुखी होगी तो वह फिर से सड़क दुर्घटनाएँ रोकने के लिए ठोस उपायों के बारे में सोचेगी।

वैसे तो सड़क दुर्घटनाओं को रोकने का सबसे कारगर तरीका है कि सड़कें ही न हों। सड़कें नहीं होंगी तो उन पर लोग नहीं, उन पर वाहन नहीं और वाहन नहीं तो उनके अन्दर लोग नहीं। और उनमें लोग नहीं तो लोग मरेंगे भी नहीं। यानी बाँस

नहीं रहेगा, तो बाँसुरी भी नहीं रहेगी। और बाँसुरी नहीं रहेगी तो बाँसुरी बजेगी भी कैसे ? और जब बाँसुरी बजेगी नहीं तो कृष्ण भी न होंगे, राधा भी न होंगी, गोपियाँ भी न होंगी और ये सब नहीं होंगे तो कवि सूरदास भी नहीं होंगे। लेकिन चूँकि बाँस के बहुत से उपयोग हैं इसलिए वह रहेगा और बाँस रहेगा तो उससे बाँसुरियाँ भी बनती ही जाएँगी और अन्त में सूरदास भी होंगे। तो बाँस से लेकर सूरदास तक जब सब कुछ रहना है तो शिकायत किससे और कैसी ?

फिर भी सरकार को गहरा दुख और शोक है कि हर साल हजारों की संख्या में लोग सड़क दुर्घटनाओं में मारे जाते हैं। सरकार की पूरी सहानुभूति उनके साथ है। इस बीच अनेक फौरी उपाय करने के साथ सरकार की ओर से सड़क दुर्घटनाओं की रिपोर्टों का गहराई से अध्ययन करना जारी है और गहराई हमेशा समय माँगती है। वैसे बाईसवीं सदी तक स्थिति निश्चय ही नियन्त्रण में आ जाएगी और हमारे बेटे-बेटियों के बेटे-बेटियों के बेटे-बेटी शायद हमसे ज्यादा सुरक्षित जीवन जी सकेंगे।

रामराज्य

सरकार देश में रामराज्य लाना चाहती है। वह तो चाहती है कि कल ही रामराज्य आ जाए और सेठों, नेताओं, दलालों तथा अफसरों की तरह आम जनता भी सुखी हो जाए। लेकिन समस्या यह है कि रामराज्य में भी लोग कपड़े तो पहनेंगे ही और कपड़े पहनेंगे तो कपड़े मैले भी होंगे और कपड़े मैले होंगे तो उन्हें धुलाई के लिए नहीं, तो कम-से-कम प्रेस के लिए तो जरूर धोबियों के पास ले जाना पड़ेगा और उन धोबियों में कम-से-कम एक धोबी ऐसा जरूर होगा, जो रावण की अशोक वाटिका में रहकर आई सीता के चरित्र पर सन्देह करेगा और उस रामराज्य का जो भी राम होगा, उसके पौरुष को धोबी की यह बात एक चुनौती-सी लगेगी और वह सीता को वनवास पर भेजने की कोशिश करेगा।

लेकिन यहाँ से राम की नई मुश्किलें शुरू होंगी। सबसे पहले तो राम, सीता को वनवास पर इसलिए नहीं भेज पाएँगे कि यह इक्कीसवीं सदी है और इसमें वन और ऋषि नहीं होते। दूसरे राम किसी के भी कुछ कहने पर सीता को वन नहीं कहीं और भी भेजना चाहेंगे, तो वह जाएगी नहीं। वह राम को ऐसी खरी-खरी सुनाएगी कि उन्हें छठी का दूध याद आ जाएगा। फिर भी राम उन्हें अपने घर से निकालने की जबर्दस्ती करेंगे, तो सीता पुलिस बुला लेगी और राम जब तक पुलिस को रिश्वत नहीं देंगे, वे लफड़े में फँसे रहेंगे। हो सकता है कि सीता, राम के अत्याचारों के खिलाफ महिला संगठनों के पास चली जाए, महिला आयोग में शिकायत दर्ज कर दे या उन पर मुकद्दमा ठोंक दे। और मान भी लें कि पिछली सीता की तरह किसी तरह इस सीता को भी राम घर से बाहर निकालने में सफल हो जाते हैं तो जनता अखबारों और टी.वी. पर उनकी ऐसी जमकर भर्त्सना करेगी कि वे भूल जाएँगे कि वे भगवान विष्णु के अवतार

हैं और पृथ्वी पर दुष्टों के दलन करने आए हैं। राम चूँकि राजा रहे हैं इसलिए स्वाभाविक है कि उन्हें अपनी इस तरह की इतनी आलोचना बर्दाश्त नहीं होगी और वे आलोचकों का मुँह बन्द करना चाहेंगे मगर कर नहीं पाएँगे क्योंकि वे राम हैं। इससे राम को इतना बड़ा मानसिक आघात लग सकता है कि हो सकता है कि उन्हें दिल का दौरा पड़े और उन्हें चिकित्सा समय पर मिल गई तो ठीक वरना राम के साथ इस कलयुग में क्या हो जाए, कहना मुश्किल है।

इसलिए सरकार रामराज्य तो लाना चाहती है, मगर वह राम को इस तरह की मुसीबतों में डालना नहीं चाहती क्योंकि राम से उसकी भावनाएँ जुड़ी हैं और राम को मुसीबत में डाले बिना आज की तारीख में रामराज्य आ नहीं सकता। इसी कारण से सरकार देश में रामराज्य लाने से हिचक रही है, वरना यहाँ कब का रामराज्य आ चुका होता और बाकी लोगों के साथ साधारण लोग भी सुखी हो चुके होते लेकिन फिर भी सरकार प्रयास करेगी कि कोई ऐसा उपाय निकले कि जिससे रामराज्य भी आ जाए और राम मुसीबत में भी न पड़ें। ऐसा प्रयास करने पर दो बातें हो सकती हैं—सफलता मिले या न मिले। सफलता मिल गई तो ठीक और नहीं मिली तो फिर दो बातें हो सकती हैं कि या तो लोग कहेंगे कि बेचारों ने कोशिश बहुत की मगर 21 वीं सदी में राम का राज्य कैसे लाया जा सकता था, इसलिए उन्हें सफलता नहीं मिली या फिर वे आलोचना करें और कहें कि ये भी दूसरों की तरह झूठे थे, ये रामराज्य लाना चाहते ही नहीं थे, इसलिए वह आता भी कैसे ! अतः सरकार क्यों फालतू में रामराज्य लाने के लफड़े में पड़े। फिर भी चूँकि किताबों में लिखा है कि प्रयास करने पर एक न एक दिन सफलता अवश्य मिल सकती है, इसलिए सरकार प्रयास जरूर करके देखेगी कि क्या रामराज्य आ सकता है और जब प्रयास करके देखेगी तो उन प्रयासों की सफलता का इन्तजार भी करेगी और इन्तजार करते समय सिर्फ इन्तजार ही किया जा सकता है और कुछ नहीं। इसलिए सरकार भी उस दौरान सिर्फ इन्तजार ही करेगी।

सिंचाई

सरकार पहली पंचवर्षीय योजना के समय से यह कोशिश कर रही है कि खेती वर्षा पर निर्भर न रहे और सिंचाई के इतने साधन उपलब्ध हों कि किसान जब चाहे बीज बोएँ, सिंचाई करें, फसल काटें और मंडी में बेच दें और अमीर हो जाएँ। लेकिन अफसोस है कि यह नहीं हो पाया और अब सिंचाई के इतने कम साधनों के बावजूद इतनी ज्यादा फसलें हो रही हैं कि गोदामों में अनाज सड़ रहा है। अनाज का सड़ना चूँकि भारतीय संस्कृति के विरुद्ध है और सरकार चूँकि संस्कृति की रक्षा करने के लिए पहले से भी ज्यादा कटिबद्ध है, इसलिए वह चाहकर भी खेती के लिए सिंचाई के और साधन मुहैया नहीं करवा रही है।

लालफीताशाही

जनता कब से माँग कर रही थी कि लालफीताशाही बन्द करो, इसलिए आपने देखा होगा कि इधर सरकार ने फीते का रंग लाल से बदलकर पीला कर दिया है। जिस दिन जनता माँग करेगी कि पीलाफीताशाही बहुत चल चुकी, इसे बन्द करो तो सरकार फीते का रंग पीले से हरा करवा देगी और अगर सरकार को बदनाम करना फिर भी जारी रहा तो फीते का रंग हरे से नीला कर दिया जाएगा। वैसे सरकार ऐसी फाइलों के इस्तेमाल पर गम्भीरतापूर्वक विचार कर रही है जिनमें फीता ही न हो।

नौकरशाही

सरकार खुद नौकरशाही के खात्मे की आवश्यकता तीव्रता से अनुभव कर रही है। लेकिन कुछ खिलौने हाथ के जोर से चलते हैं, कुछ चाभी भरने पर चलते हैं और कुछ बैटरी से चलते हैं। नौकरशाही चाभी से चलनेवाला एक खिलौना है। जब तक इसमें चाभी भरी रहेगी, यह खुद ब खुद चलता रहेगा। चूँकि यह खिलौना पुराना और इम्पोर्टेड है, इसलिए बहुत मजबूत है और इसमें उसी समय इतनी चाभी भर दी गई थी कि यह रुक नहीं रहा है और इतने अच्छे और मजबूत खिलौने आजकल चूँकि मिलते नहीं हैं, इसलिए सरकार का इरादा है कि अगर इस खिलौने की चाभी कभी खत्म भी हो गई तो इसमें फिर से चाभी भर दी जाएगी, ताकि यह चलता रहे। मगर जनता आश्वस्त रहे कि एक बार इसकी चाभी खत्म हो गई तो इस सवाल पर दुबारा विचार भी किया जा सकता है।

●●●